ANTON KIELCE

I GING

FERNÖSTLICHE WEISHEITEN

Herausgeber der Reihe:
Patrick Ravignant

Deutsche Erstveröffentlichung

WILHELM HEYNE VERLAG
MÜNCHEN

HEYNE RATGEBER
Nr. 08/9109

Titel der französischen Originalausgabe
LE YI KING
erschienen bei M. A. Editions, Paris
Deutsche Übersetzung von Jutta Hein M. A.

Printed in Germany 1985
Umschlagzeichnung: Patrice Varin
Umschlaggestaltung: Atelier Ingrid Schütz, München
Satz: Schaber, Wels
Druck und Bindung: Presse-Druck, Augsburg

ISBN 3-453-41674-0

INHALT

Vorwort

Diese Sammlung setzt sich zum Ziel, die Grundhaltungen der orientalischen Geisteseinstellung zu erforschen, aber nicht als folkloristische Besonderheit oder als gelehrsames Thema, sondern sie erforscht die lebendigen Traditionen, die geeignet sind, unsere Wahrnehmung der Wirklichkeit und unser Bewußtsein radikal zu verändern.

Die Ansichten und Praktiken in diesen Büchern betreffen uns direkt mit unseren Problemen, unseren Konflikten, unserer Umgebung in der westlichen Welt des 20. Jahrhunderts. Für jeden von uns können diese Wege eine vollkommene Veränderung der alten Sichtweisen und Reaktionen zur Folge haben, eine Auflösung von Gewohnheiten und Zuständen, um in eine innere Freiheit und in unmittelbaren Reichtum zu münden, wo der erlebte Augenblick gleichbedeutend ist mit Ewigkeit.

Die Lehren des Taoismus, des Hinduismus, des Buddhismus, des Schamanismus, des Islam sind von außerordentlicher Unterschiedlichkeit, aber die Erfüllung, von der sie Zeugnis ablegen, ist die gleiche. Es handelt sich nicht um irgendwelche intellektuelle Exotik, sondern um die innerste und intimste WIRKLICHKEIT, die im Herzen eines jeden einzelnen liegt.

ERSTER TEIL

Das Universum des I Ging

I.
Darstellung

Nachdem der Himmel geschaffen war und die Erde sich gefestigt hatte, begann nach der volkstümlichen chinesischen Überlieferung Niu-Koua damit, die Menschen aus gelber Erde zu formen. Aber die Aufgabe war zu umfangreich für ihre Kräfte, also ersetzte sie die Erde durch Schlamm. So wurden die reinen Menschen aus gelber Erde geformt und die anderen aus Schlamm.

Niu-Koua wurde manchmal Heilige Mutter des Himmels genannt; wenn sie nicht die Schöpferin des Universums ist, so kann man in ihr wenigstens die Mutter der Menschheit sehen. Sehr schnell wurde sie mit Fou-hi, dem »himmlischen Kaiser«, verbunden, der über die Menschen herrschte, seit sie sich auf der Erde ausgebreitet hatten. Niu-Koua/Fou-hi sind also das Ursprungspaar der chinesischen Mythologie.

Fou-hi hatte Shen Nung, den »irdischen Kaiser«, als Nachfolger, dann kam Houang Ti, der »gelbe Kaiser«. Diese drei Kaiser lebten im dritten Jahrtausend, vermutlich zwischen 2950 und 2600 v. Chr., denn wie bei vielen Göttern des chinesischen Pantheons handelte es sich zweifellos um historische Persönlichkeiten, die gelebt hatten und nach ihrem Tod zu Göttern erhoben wurden (später rückte Lao-tse zu ihnen auf die vordersten Plätze des Pantheon vor, als er zu Lao-kiun wurde). Noch heute betrachtet man sie als die drei Helden der Zivilisation im antiken China, als die drei Erhabenen, wie man sie genannt hat.

Die Herrschaft von Houang Ti entsprach dem Goldenen Zeitalter Chinas. In jener Zeit entwickelten sich Kunst, Handwerk und Architektur, und die wirtschaftlichen und kulturellen Einrichtungen des Reichs entstanden. Sein Vorgänger, Shen Nung, wurde »Prinz des Getreides« genannt. Er symbolisiert das Zeitalter des Ackerbaus, aber ihm verdankt man auch die Erfindung des Pflugs, die Organisation von Märkten und des Handels und die Zusammenstellung eines Arzneibuchs, das noch immer in Gebrauch ist.

Was Fou-hi angeht, so erzählen die chinesischen Chroniken (vor allem die historischen Erinnerungen von Sseu-ma Ts'ien), daß er in einem von Drachen heimgesuchten Sumpf zur Welt gekommen sei. Er und seine Frau Niu-Koua hatten Drachenkörper, und man stellt sie immer dar, wie sie mit ihren Unterkörpern zu einem Knoten verbunden sind, denn sie sind es, die die Ehe als Institution eingeführt haben. Fou-hi erfand auch das geknüpfte Tau, er lehrte sein Volk, wie man mit Netzen fischt, wie man mit dem Bogen jagt und wie man Haustiere züchtet. Seine Frau hatte als Kennzeichen einen Kompaß, während er ein Winkelmaß trug, das das Viereck hervorbringt, das Zeichen der Erde. Marcel Granet schreibt in seinem Buch über die chinesische Gedankenwelt, daß das »Quadrat den Kreis hervorbringt, und das Winkelmaß verdient es, das Zeichen des Hexers zu sein, der Yin-Yang ist, und das von Fou-hi ist es in besonderem Maß, denn er ist ein Weiser in den Dingen des Himmels wie der Erde«.

Als erster Hexer, als erster »kulturfördernder« Weiser herrschte Fou-hi mit Hilfe der Wahrsagung durch Schafgarbenstengel. Indem er das System perfektionierte, entdeckte er die acht Trigramme, Bilder der ursprünglichen Elemente der Natur, die die Grundsymbole des chinesischen Denkens geblieben sind. Diese acht Trigramme sind schließlich der Eckpfeiler der Hexagramme geworden, deren Gesamtheit die Lehre des I Ging ausmacht.

Ob Fou-hi wirklich gelebt hat oder nicht, ob er all das getan hat, was man ihm zuschreibt, oder ob er nur einfach das lebendige Symbol des Übergangs von der archaischen Gesellschaft zur Zivilisation und zum Zeitalter der Jagd und des Fischens ist, das ist eine Frage, über die man lange diskutieren könnte; aber für uns ist es wichtig festzuhalten, daß der Ursprung des I Ging sogar bis in das dritte Jahrtausend zurückreicht. Dieser legendäre Ursprung erlaubt den Gedanken, daß das I Ging ein System ist (noch bevor es ein Buch war), das während seiner gesamten Geschichte die Entwicklung des intellektuellen und geistigen Lebens der Chinesen begleitet hat. Zweifellos hat es sich anfangs um ein Wahrsagesystem gehandelt. Man kann es immer noch so sehen, obwohl es im Laufe der Jahrhunderte viel mehr als das geworden ist.

Auf 64 Hexagrammen beruhend, die die archetypischen Situationen der menschlichen Erfahrung darstellen, hat das I Ging es zum Ziel, den Menschen, den Himmel und die Erde durch sich ständig verändernde Kombinationen in Verbindung zu bringen. In seinem Kern, glaubt man, schließt es die Gesamtheit des Univer-

sums ein – oder wenigstens die Bilder, die die gesamte Wirklichkeit des Universums zusammenfassen; seine Funktion ist es also, »die Ordnung dessen, was richtig ist« zu gebären, dann diese Ordnung zu prüfen und dem Menschen zu erlauben, den harmonischen Weg zu finden, um in der Welt leben zu können.

In anderen Worten, der Sinn des I Ging liegt weniger darin, daß wir die Last eines vorgezeichneten Wegs auf uns nehmen – das Schicksal – wie in den meisten klassischen Wahrsagesystemen, sondern er liegt darin, daß das I Ging es uns erlaubt, durch kluge Deutung des entstandenen Hexagramms den wirkungsvollen und moralischen Weg zu entdecken, wie er einer gegebenen Situation angemessen ist.

In einer Abhandlung über die Symbole Chinas schrieb Frida Wion: »So wie wir es heute kennen, ist das I Ging ein sehr einfaches Buch; es besteht nur aus 64 Hexagrammen, der ganze Rest des Textes wurde nach und nach im Laufe der Jahrhunderte dazugefügt mit dem Ziel, beim Entziffern der Zeichen Hilfe zu leisten. In diesen 64 Zeichen ist ein Wissen und eine totale Macht über alles enthalten.«

Für die Chinesen sind diese 64 Zeichen vor allem eine symbolische Sprache, die die Welt umfaßt und dem Menschen hilft, in Zusammenhang mit den natürlichen Kräften des Himmels und der Erde zu handeln. Äußerlich sind es die Bilder dessen, was wirklich und erkennbar ist; sie erlauben es, Ereignisse und Situationen in ihrer Bewegung und ihrer Wechselbeziehung zu beschreiben. Innerlich stellen sie sich als Ideen dar, die schnell zu Ratschlägen werden, die den Weg des »Glücks« und des »Unglücks« anzeigen. Entsprechend der Wahl, die man trifft, und der Richtung, die man einschlägt, geht man von einem gegebenen Hexagramm aus, und so gelangt man entweder zum Gleichgewicht und zur Harmonie mit dem Kosmos oder zur großen Unordnung und zum Verlust des Selbst. In der Wirklichkeit trägt jedes Ereignis diese beiden Tendenzen in sich, und das entsprechende Hexagramm berücksichtigt das. Indem es zunächst dazu beiträgt, daß man sich dessen bewußt wird, bietet es danach die Wahlmöglichkeiten an.

Um den betreffenden Prozeß gut zu verstehen und sich nicht nachher fragen zu müssen: »Aber wo liegt denn der Wert des I Ging, und bis zu welchem Punkt stellt es wirklich die ›richtige Ordnung‹ des Menschen und des Universums dar?«, ist es wichtig, die folgenden drei Punkte zu präzisieren:

1. Das I Ging ist das Werk heiliger Männer (und ihrer unzähligen Kommentatoren), die die *Wahl getroffen* haben, ihre Weisheit mit Hilfe dieses Symbolismus zu verbreiten.

2. Trotz allem – trotz seines Erfolgs in der westlichen Welt – gehört es in das Innerste des chinesischen Gedankengebäudes, in die Konzeption, die die Taoisten und die Konfuzianer vom Weg und von der Kraft des Tao entwickelt haben.

3. Schließlich ist es nicht so sehr sein Ziel, uns Antworten im wissenschaftlichen Sinn zu geben, sondern uns Möglichkeiten der Wahl zu liefern, indem wir auf diesen Weg aufmerksam werden, und dann hilft es uns, bei allen Gelegenheiten die Harmonie in uns zu finden.

Diese Feststellungen sind das Thema eines der ersten Kapitel dieses Buchs; sie zeigen, daß man an das I Ging ohne eine besondere geistige Haltung herangehen kann. Zuvor betrachten wir kurz die Geschichte des I Ging, wie es bis zu unseren Tagen hin überliefert wurde, wir betrachten die allgemeinen Prinzipien, unter denen es sich entwickelt hat.

Dann, in einem zweiten Teil, betrachten wir seine Funktion genauer. Wie ist man von einem binären Antwortensystem von ja und nein zu den Hexagrammen gekommen? Welches ist der symbolische Wert der Trigramme? Welchen Sinn muß man den Linien geben, wie kommt man zu ihnen? usw.

Der dritte Teil ist der Betrachtung der 64 Hexagramme gewidmet.

II.
Geschichte des I Ging

Die Entwicklung des I Ging verläuft in vier klar erkennbaren Etappen, die über mehr als zweitausend Jahre verteilt sind. Dem legendären Fou-hi kommt das Privileg zu, die Wahrsagemethode mit den Schafgarbenstengeln entwickelt und die Trigramme erfunden zu haben. Es scheint, als habe man diese Trigramme ziemlich bald zu Zweiergruppen zusammengestellt, um umfassendere Systeme zu bekommen – das wird unter der Hia-Dynastie (um 2000 v. Chr.) und in der Schang-Dynastie (1750–1150) erwähnt –, jedoch läßt nichts die Behauptung zu, daß man sie systematisch zusammengefügt hat, um die 64 möglichen Verbindungen zu bilden.

Die Überlieferung schreibt dem König von Wen aus der Tschou-Dynastie die Zusammenstellung der 64 Zeichen, so wie sie uns vorliegen, zu. Er soll das von 1092 bis 1090 getan haben, als er Gefangener des Tyrannen Chou-Hsin war. Er ist auch der Verfasser der kurzen Deutungen, die jedes Hexagramm begleiten.

Sein Sohn, der Herzog von Tschou, vollendete diese Arbeit, indem er die Texte über die Bedeutung der Linien hinzufügte. Danach wurde das I Ging mehrere Jahrhunderte lang in dieser Form benutzt. In seinem Buch über das Wahrsagen mit Hilfe des I Ging durch den Meister Yüan-Kuang zitiert Charles Canone zahlreiche historische Beispiele von Ratsuchenden, die das belegen: der Herzog von Chouang 672 v. Chr., der Herzog von Souen 602, die Staatsbeamten von Tsin 661, der Herzog von Hi 645 und 635 usw. Das Buch war eine recht kurze Abhandlung mit beiden Trigrammen für jedes Hexagramm, mit der Deutung und der Bedeutung des Bildes und der Linien; es blieb so, bis Konfuzius sich seiner annahm.

Konfuzius ist in der Tat die vierte Persönlichkeit, die sich der Ausarbeitung des I Ging gewidmet hat. Nachdem er viele Aufgaben in den verschiedenen Staatsverwaltungen erledigt hatte und viel gereist war, kehrte er nach Tschou in seiner Heimatgrafschaft Lu zurück, als er schon recht betagt war. Von zahlreichen Schülern

umgeben, verbrachte er den Rest seines Lebens damit, seine Lehre zu verbreiten und das I Ging zu studieren. Der Legende zufolge erklärte er eines Tages: »Wenn mir noch einige Jahre vergönnt wären, würde ich sie dem I Ging weihen und könnte so großen Gefahren entgehen.« Ihm und seiner Schule verdanken wir es, daß er die alten »Kommentare« zum Buch zusammengefaßt und neu gestaltet hat, er schrieb sogar einige. Ihm persönlich wird der »Kommentar zur Entscheidung« zugeschrieben, seiner unmittelbaren Umgebung der »Kommentar über die Bilder«. Diese Kommentare, die »zehn Flügel« genannt, obwohl es nur sieben sind, sind zusammen umfangreicher als das I Ging selbst. Wenn sie manchmal ein wenig wie Wiederholungen wirken, so haben sie doch einen außerordentlichen Nutzen bewiesen bei der Erklärung der Hexagramme und beim allgemeinen Verständnis des Werkes. Der Ta Tschouan oder Hi ts'en, der »Große Kommentar«, nimmt in dieser Hinsicht einen ungewöhnlichen Platz ein; er ist gleichzeitig eine detaillierte Diskussion über die Beurteilungen und die Linien und eine unverzichtbare und aufregende Einführung in das ganze Buch, in seinen Gebrauch, sein Funktionieren, seine »Wirkungen auf den Menschen«, sein Wissen usw. (Man findet auch ein Kapitel über die Kosmologie, das die drei Zeitalter von Fou-hi, Shen Nung und Houang Ti nachzeichnet.)

Nach Konfuzius erfuhr das um die Kommentare erweiterte I Ging kaum noch Veränderungen, außer daß die Kommentare manchmal allein, manchmal nach den Hexagrammen, zu denen sie gehörten, veröffentlicht wurden. Aber man benutzte es im Laufe der Jahrhunderte unterschiedlich, indem man den Akzent mal auf Magie und Orakel setzte, wie es die Anhänger des Feng Shiu (eine Lehre in der Nähe der Geomantie) oder die der magischen Schulen taten, oder man betonte den philosophischen und weisen Aspekt, oder man sah es unter dem historischen oder politischen Blickwinkel. Folglich gab es Hunderte von erklärenden Büchern, von Interpretation zu Interpretation sehr unterschiedlich, aber das Herz des Werkes blieb intakt.

Die ersten Europäer erfuhren in der zweiten Hälfte des 17. Jahrhunderts vom I Ging, und zwar durch die Jesuiten, die an den Hof von Peking entsandt waren. Aber erst Mitte des 19. Jahrhunderts kam eine erste Übersetzung (von Pater Regis) in Stuttgart heraus; es handelte sich noch um eine Fassung voller Lücken und in lateinischer Sprache. Gegen Ende des Jahrhunderts, in den Jahren 1880 bis 1900, kamen zwei moderne Fassungen heraus: eine englische von James Legge, die andere eine französische von Philastre mit dem Titel »Tschou Yi. Das I Ging oder das Buch der Veränderungen der Tschou-Dynastie«, 1885 und 1893 in den Jahrbüchern vom Museum Guimet veröffentlicht. Diese Übersetzung ist jedoch sehr didaktisch und schwer verständlich. Eine dritte Fassung des Belgiers Charles de Harlez erschien 1889 in Brüssel, in der er die Arbeit von Legge aufgriff.

Keins dieser Bücher konnte jedoch den außerordentlichen Reichtum des I Ging wiedergeben; es handelte sich vor allem um Arbeiten von wissenschaftlicher Gelehrsamkeit, und es ist das große Verdienst von Richard Wilhelm, der uns eine vollständige Übersetzung (mit den »zehn Flügeln«) geliefert hat, die leicht zugänglich und lebendig ist und gleichzeitig die Weisheit und die Magie des Textes vermittelt. Ohne Wilhelm wäre zu fürchten, daß das I Ging endgültig wieder in Vergessenheit geraten wäre. Er veröffentlichte seine Fassung 1924 in Jena, nachdem er als Missionar fünfundzwanzig Jahre in China verbracht hatte. Er war dort in das Wissen eingeführt worden durch einen verehrungswürdigen Meister namens Lao Nai Louan, der ihm bei der langwierigen Arbeit half und ihn, so scheint es, ausersehen hat, das Buch der Ahnen außerhalb seines Ursprungslandes zu verbreiten.

Der Text von Wilhelm wurde 1951 in Englisch veröffentlicht, in Französisch erst 1968. Abgesehen von der außerordentlichen Klarheit mit den klassischen Kommentaren im zweiten Teil des Buchs, ist der Text von großem Interesse wegen der zahlreichen Erklärungen, die sich darin finden, einige in Wilhelms eigener Handschrift, andere aus der chinesischen Ausgabe, auf der seine Fassung basierte. Diese Erklärungen, die eher Erhellungen dieses oder jenes Punktes der chinesischen Gedankenwelt sind als etymologische oder wissenschaftliche Anmerkungen, sind so nützlich, daß man in ihnen fast den »elften Flügel« des I Ging sehen könnte.

III.
Die Prinzipien

Das Tao – Yin und Yang – Der Himmelsweg – Die Weisheit des I Ging – Sinnvolle Zufälle

Ging ist ein chinesisches Zeichen, das man im allgemeinen mit »kanonisches Buch« oder »Grundabhandlung« übersetzt. Von den fünf Klassikern, die Konfuzius zugeschrieben werden, haben drei dieses Begriffszeichen: Che Ging oder Buch der Lieder, Chou Ging, ein historisches Buch, und I Ging. Man findet das Zeichen auch in der Bibel des Taoismus, Tao te Ging, dem Buch des Weges und der Tugend, das von Lao-tse ausgearbeitet wurde.

In der französischen Übersetzung von Wilhelm merkt Etienne Perrot an, daß Ging wörtlich »Schußfaden eines Stoffes« bedeutet. Was I angeht, so bedeutet es Chamäleon. Und Perrot hat sich entschlossen, dem Gedanken der Bewegung, die den Übergang von einem Begriffszeichen zum anderen anregt, und der Gesamtheit des Buches Rechnung zu tragen, indem er I Ging mit »Buch der Transformationen« übersetzt. Am Ende des letzten Jahrhunderts hatte Philastre »Buch der Veränderungen« vorgeschlagen; manchmal nennt man es »Buch der Mutationen«.

Es ist klar, daß das große Gesetz im Zentrum des I Ging DIE VERÄNDERUNG ist. Veränderung innerhalb eines Rahmens oder einer unveränderlichen Struktur, aber auch Veränderung des Menschen innerhalb eines unveränderlichen Weges. Denn wenn das I Ging ein vollständiges Bild der Welt sein will, wenn es die Existenz eines Kosmos und das Spiel der beiden unterschiedlichen und sich ergänzenden Kräfte belegt, so ist es auch und vor allem ein Mittel der Wahl, das den natürlichen Weg des Gleichgewichts und der Tugend anzeigen muß. Es dient also als ein Modell, mit dem man lernen kann, wie man in Harmonie mit dem Tao lebt.

Das Tao

Das Tao ist das tiefgreifendste und weitreichendste Symbol der chinesischen Kultur. Es ist das Prinzip der universellen Ordnung, die den Mikrokosmos genauso regiert wie den Makrokosmos. Gleichzeitig Urgrund, Ablauf der Welt, geistige Kraft, Essenz des Lebens, identisch mit und untrennbar von der Vielfalt seiner Schöpfungen. Tschuang-tse, der wichtigste Mystiker des Taoismus, sagt: »Es ist so groß, daß es kein Ende kennt, und so klein, daß ihm nichts entgeht. Es ist so weit, daß es nichts gibt, was es nicht enthielte, es ist so tief, daß es niemand ergründen kann.« Von ihm sind alle Geschöpfe ausgegangen, zu ihm kehren alle Geschöpfe zurück. In der Tat, wir haben im Westen kein Wort, das es vollkommen trifft.

Das Paradoxe am Tao ist, daß es keinen Körper im Raum besitzt. Nicht nur das, es ist auch unaussprechlich und nicht erkennbar, ohne Namen und Form.

»Wenn man hinsieht, erkennt man es nicht, denn es ist nicht sichtbar.
Wenn man hinhört, hört man es nicht, denn es hat keine Töne.
Wenn man es berührt, spürt man es nicht, denn es ist nicht greifbar«,

sagt Lao-tse im Tao te Ging (Kapitel 14). Dennoch umfaßt es die Wirklichkeit des Lebens ganz, es ist überall und in jedem von uns.

Die Chinesen unterscheiden drei Hauptaspekte: T'ai chi, T'ai und T'sai Hsu.

Was T'ai chi angeht, so ist dies der Motor des Kosmos, die Einheit, die ursprüngliche Ganzheit, geboren noch vor Himmel und Erde, unendlich und ewig. Es ist das erhabene Eine, die Quelle aller taoistischen Mystik. Wenn der Weise dort Zugang findet, wenn die Einheit erreicht ist, erfährt er die Erleuchtung.

T'ai drückt den im Geheimen schlummernden Prozeß aus, der die Welt begleitet. Was T'sai Hsu angeht, so ist das Tao allgegenwärtig, aber auf eine immaterielle Weise, nicht erkennbar. »Es ist die Leere, in der die dreißig Strahlen zusammenlaufen, es löst jeden Knoten, es verschmilzt jedes Licht, es macht Eines aus allen Staubkörnchen.« In den Tiefen verborgen, scheint es ewig zu sein, aber unsichtbar und unvorstellbar. Das Tao zeigt sich also dem Menschen durch die beiden Kräfte, die es erzeugt, das Yin und das Yang, die ihrerseits die sichtbare Welt gebären. Die treibende Kraft dieses Prozesses, der große Veränderer des kosmischen Tanzes, ist T'ai.

Yin und Yang

Im Kapitel 42 des Tao te Ging beschreibt Lao-tse den Ablauf der großen Veränderung, die unendlich stattfindet. Er schreibt:

»Das Tao erzeugt Eines
Eines produziert Zwei
Zwei produziert Drei
Drei produziert alle Geschöpfe der Welt.
Jedes Geschöpf trägt auf dem Rücken die Dunkelheit
und schließt in seine Arme das Licht.«

Nach der am weitesten verbreiteten Erklärung ist Eines der Erste Große Beginn (T'ai chi), erzeugt vom Tao. Eines bringt zwei hervor, Yin und Yang, aus denen alles hervorgeht. Zwei produziert drei, die drei Atemzüge oder die drei Energien (Ching, Ch'i und Sheng), die ihrerseits den Himmel, die Erde und die Menschen erschaffen. Drei gebiert alle Formen der Welt, die selbst der Kraft des Yin (das Dunkle) und der des Yang (das Helle) unterliegen.

Das Yin repräsentierte ursprünglich die schattige Seite des Tals, das Yang die sonnige; das erste ließ an kaltes, bedecktes Wetter denken, das zweite an warmes, heiteres Wetter. In der Folge wird das Yin das Symbol der Dunkelheit, der Trägheit, des Rezeptiven, es wird die Kraft der Konzentration, die Erde, das Tal, die intuitive Intelligenz, der weibliche Aspekt aller Dinge. Das Yang ist der männliche Aspekt aller Erscheinungsformen, die schöpferische Kraft, das Licht, der Himmel, der Berg, die Kraft der Expansion, der dem Äußeren zugewandte Geist, die klare Intelligenz, die zugleich analytisch und aktiv ist; es ist die aktive Kraft im Gegensatz zur passiven Kraft des Yin, der Geist angesichts der Natur.

Das Prinzip von Yin und Yang ist zusammengefaßt das chinesische Prinzip der Polarität. Sie bilden die beiden Pole oder die beiden Kräfte, die sich in fast allen Bereichen des Denkens gegenüberstehen und sich ergänzen. Für die Chinesen ist alles, was erkennbar ist, Yin oder Yang. Dieses System hat jedoch zwei für das Verständnis des I Ging wesentliche Besonderheiten. Da ist zunächst sein Platz in der Bewegung der Veränderung der Welt. Die Chinesen meinen, daß alle Phänomene aus der Wechselwirkung der beiden Pole, aus dem Spiel des »Kommen und Gehen« hervorgehen, des »Eingangs und Ausgangs«. Der Polwechsel der beiden gebiert die Gesamtheit der möglichen Kombinationen der Natur; sie stellen so den äußeren Aspekt des Tao dar, den Daseinsgrund des Lebens. Die zweite Besonderheit betrifft die Art ihrer Wechselwirkungen: die Dynamik und die Übertragbarkeit. Wenn eine dieser Kräfte ihren Kulminationspunkt erreicht, tritt die andere unmerklich an ihre Stelle, denn jede hat in sich den Keim der anderen.

Es ist deshalb unmöglich, sie getrennt zu sehen und sich vorzustellen, es gäbe ein Ende ihrer Bewegung. Das ist auch der Gedanke, der in dem Symbol vorherrscht, das sie darstellt (in dem Yin schwarz und Yang weiß ist).

Das I Ging, da es ein Bild des Universums sein will, beruht auch ganz auf der Bewegung von Yin und Yang. Im Hi t'seu oder Ta Tschouan (Großen Kommentar) steht geschrieben: »Das Schöpferische (Yang) und das Rezeptive (Yin) sind in Wahrheit Pforten zu Veränderungen.«

Was sie durch ihre Besonderheiten lehren und was in der Folge das I Ging lehrt, ist das Gesetz des Gleichgewichts. Nach Yin kommt Yang, nach Yang kommt Yin. Nach der Nacht kommt der Tag, nach der Kraft kommt die Schwäche. Nach dem Glück das Unglück. Jeder Mensch, jedes Tier, jedes Element der Natur nimmt an diesem unendlichen und unzusammenhängenden Zyklus teil, in dem jeder Tag, jeder Augenblick anders ist. Die Unausgeglichenheit der Dinge kennen, zu wissen, daß auf jede negative Zeit eine positive folgt und umgekehrt, läßt uns den rhythmischen Charakter der Welt erkennen und macht uns fähig, ihn vorauszusehen, und das ist das Gesetz des Gleichgewichts und das Hauptthema des I Ging. Es ist anzumerken, daß das Gleichgewicht auf der harmonischen Einheit der beiden Kräfte beruht, nicht auf der einen oder der anderen. Es geht nicht darum, die auszuwählen, die uns als die bessere erscheint oder als die nützlichere, sondern man muß beide zusammen sehen oder voraussehen und dann entsprechend handeln. Wie Tschuang-tse sagt:

> »Wer das Wahre hervorhebt, ohne das Falsche zu sehen, die Ordnung, ohne die Unordnung zu sehen, versteht nichts von

der Ordnung des Universums und der Wirklichkeit der Geschöpfe.

Das gilt auch für den, der den Himmel erkennt, ohne die Erde zu sehen, die Dunkelheit, ohne das Licht zu sehen. Sein Handeln ist zwangsweise zum Scheitern verurteilt.«

Der Himmelsweg

Um sich zu manifestieren, verdoppelt sich das Tao. Der Wechsel seiner Ruhe und seiner Bewegung schafft das Spiel von Ursachen und Wirkungen, aber hinter diesem Mechanismus der sichtbaren Welt – was die Taoisten die Vielfalt der Erscheinungen nennen – bleibt die innere Wirklichkeit immer dieselbe. Für den Menschen ist das der Himmelsweg, wenn er das unbewegliche Prinzip, das hinter diesen Veränderungen Yin und Yang wirkt, erkennt. Es ist die Grundlage der Weisheit.

»Dieses und jenes nicht mehr als Gegensätze ansehen, sondern das Wesentliche des Tao entdecken«, schreibt Tschuang-tse, »das heißt, sich mit dem unendlichen Einen verbinden und die Dinge im Licht zu sehen.« Und im Hi t'seu liest man: »Die Dinge durch angemessene Namen unterscheiden, das entdecken, was verborgen ist, und sich dem öffnen, was verborgen ist, das ist der Himmelsweg.«

Den Himmelsweg zu entdecken, das ist das Ziel der Taoisten und der Konfuzianer. Es besteht darin, die tiefe Harmonie, die zwischen dem Menschen und der Gesamtheit der Natur, zwischen dem Sein und dem Nicht-Sein besteht, zu verstehen, die letztliche Übereinstimmung, die zwischen dem Selbst und dem Selbst der Welt herrscht, zu begreifen. Bei den Taoisten kommt man intuitiv und spontan zu dieser Erkenntnis; es ist eine innere Erfahrung, die aber nur dem Menschen zugänglich ist, der die Tugend und das Nicht-Handeln ausübt: Te und Wu Wei. Wir werden diesen Weg nicht beschreiben, weil er leider viel zu lang ist (vergleichen Sie dazu das Buch über den Taoismus in dieser Reihe), aber man muß wissen, daß die Tugend im taoistischen Sinn nichts Moralisches hat. Te muß begriffen werden als die Fähigkeit zu allem, was mit dem Tao übereinstimmt. Wenn das Tao der Motor des Kosmos ist, ist Te in gewisser Weise seine Manifestation gegenüber dem Menschen: es ist der unsichtbare Motor aller seiner Handlungen; Te ist es, das dem Menschen erlaubt, sich von Raum, Zeit, von der mechanischen Ordnung und von den überkommenen Gedanken zu befreien.

Bei den Konfuzianern stellt sich das Bewußtsein von der Übereinstimmung zwischen dem Selbst und der Welt durch ein Gefühl der Brüderlichkeit und der Menschlichkeit (Jen) ein. Was die Tugend angeht, so beruht sie auf einem Ideal von der Vervollkommnung des Menschen, statt an dem viel allgemeineren Begriff der »großen Sympathie« (Tz'u) teilzuhaben, die natürlich und spontan entsteht. Es gibt verschiedene Etappen in der Vollendung des Jen. In dieser Reihenfolge:

1. Die Ausübung der moralischen Pflicht, der Gerechtigkeit, Yi. »Sie besteht darin, jeden zu behandeln, wie es sich gehört«, sagt Konfuzius. Diese Gerechtigkeit ist die Grundlage für alles Handeln.
2. Sie ist jedoch persönlich auszulegen. Hier greift also ein Verhaltensmodell, Li, ein, das es festzulegen erlaubt, was Rechtschaffenheit im Absoluten ist.
3. Li stellt die Gewichtigkeit der Riten und Übereinkommen dar. Seine Anwendungsweise muß wieder ins Gleichgewicht gebracht werden durch die Fähigkeit zur Unterscheidung und zur Entscheidung bei jedem einzelnen Menschen. Das ist das Ziel von Chih, das Urteil. Konfuzius sagt: »Der Mensch des Chih entgeht der Verwirrung.« Mit Chih wird der Prozeß abgeschlossen, der zur Verwirklichung des Jen führt.

Konfuzius wurde heftig kritisiert von einigen Taoisten wie Tschuang-tse, der in seiner Lehre eine praktische und äußerliche Tugend sah. Aber ganz offensichtlich ist das Modell des Tao-te metaphysisch, und das des Jen-Yi-Chih des Konfuzius ist humanistisch; es ist also absurd, sie einander radikal gegenüberzustellen und nicht zu sehen, daß sie sich bewundernswert ergänzen. Im übrigen fand jedes System im Laufe der Jahrhunderte seinen Anwendungsbereich: die Lehre des Konfuzius im sozialen und politischen Leben, die der Taoisten im mystischen und inneren Leben.

Die Weisheit des I Ging

Die beiden Wege, Tao-Te und Jen-Yi-Chih, sind grundlegend eine Lebenskunst, die die Psychologie, die Moral und die Meditation umfaßt, und sie führen beide zu einer Form der Weisheit. So sehr die Prinzipien des Tao und des Yin-Yang abstrakt und geheimnisvoll erscheinen mögen, obwohl sie bestimmend im chinesischen Denken sind, so sehr sind sie auch konkret und basieren auf der erlebten Erfahrung. Sie regen zu einer positiven Einstellung an, sind ganz ausgerichtet auf das richtige Handeln, auf die Selbstverwirklichung oder, was auf dasselbe herausläuft, auf die Verwirklichung des Tao in sich. Und im Verlauf dieses Vorgangs kommt das I Ging dazu. In diesem Zusammenhang muß es begriffen werden.

Die »Kommentare« merken mehrfach an, daß das »I Ging dazu da ist, daß die Weisen ihren Charakter verbessern und ihr Handlungsfeld erweitern«. Das bedeutet, daß es ein Instrument und ein fruchtbares Mittel ist im Rahmen der Suche nach der Erkenntnis des Himmelsweges und daß es fast zwangsläufig von der Tugend (Te) oder der moralischen Pflicht (Yi) begleitet wird. In der Tat, es soll dem Menschen Richtungen weisen, denen er folgen kann. Indem es hilft, sich des Rhythmus der Welt und des relativen Wertes aller Dinge bewußt zu werden, muß es dem Menschen auch erlauben, sich dem Einfluß dieser beiden entgegengesetzten Kräfte zu entziehen, die ihn ständig bestürmen, und es muß ihn dann dahin führen, die Harmonie und den Weg des wirkungsvollen Handelns zu finden.

Man ist hier weit entfernt von einem Buch der Orakel! Statt die Zukunft vorauszusagen, ein Ereignis anzukündigen, das eintrifft und Ihnen keine andere Alternative läßt, beschreibt das I Ging in der Praxis eine gegenwärtige Situation mit der Möglichkeit der Veränderung. So sagt es nicht einmal, was zu tun ist, sondern das, was passieren kann, wenn Sie dieses tun, welche Wirkungen diese oder jene Wahl haben kann. Wenn Sie beispielsweise eine Frage stellen, sagt es nicht mehr, ob das gut oder schlecht ist, ob jene Sache eintreffen wird, wann sie eintreffen wird, ob jenes Zusammentreffen stattfinden wird, sondern die Deutung der Hexagramme lädt ein zum Nachdenken über das gegenwärtige Handeln (oder über das, worüber Sie grübeln) und über das, was Sie davon erwarten können.

Sinnvolle Zufälle

Die Antworten des I Ging haben wohlgemerkt nichts mit denen zu tun, die man bei den traditionellen »Wahrsagekünsten« erhält, bei Karten, Tarot, Handlinien oder gar Astrologie. Abgesehen davon, daß sein Ziel ein anderes ist, daß die Haltung, zu der es führt, unterschiedlich ist, ist die Konzeption der Welt, auf der es beruht, ganz anders als das, was wir im allgemeinen fühlen und erleben. Im Westen haben wir die Neigung, die Welt als etwas zu betrachten, das von unserem Körper und unserem Geist getrennt ist; jedes Handeln wird daher von außen analysiert, im Ablauf von Zeit und entsprechend dem Gesetz von Ursache und Wirkung. In der Sicht des I Ging dagegen bilden Mensch, Natur, Raum/Zeit, Makrokosmos und Mikrokosmos ein untrennbares Ganzes; die Ursächlichkeit wird kaum in Betracht gezogen, während der Begriff des Zufalls oder der Koinzidenz den Vordergrund der Szene beherrscht.

Beim Werfen der Schafgarbenstengel beginnt man damit, das Urteil des Hexagramms auf eine fragliche Situation zu beziehen; dann leitet man eine Handlungslinie ab. Diese Methode, die darin besteht, zwei Ereignisse in Verbindung zu bringen, die offensichtlich nichts miteinander zu tun haben – eine dem Zufall unterworfene äußere Tatsache (das Hexagramm) und eine sehr gefühlsmäßige, seelische Tatsache (die zu lösende Frage) –, ist ein vollständiger Bruch in unserem gewohnten Denksystem. Für den analytischen und rationalen Geist des Westens erscheint das wie eine Ketzerei, es gibt keine Erklärung – keinen ursächlichen Zusammenhang –, warum der Seelenzustand des Fragenden zusammentrifft mit der durch ein Hexagramm beschriebenen Situation. Aber für den chinesischen Geist besteht jeder Augenblick aus allen Einzelheiten, die durch seine geistige Landschaft ziehen, ob sie nun logisch oder zufällig sind. Die Wirklichkeit eines Traums und die Wirklichkeit eines Zufalls sind für ihn genauso bedeutungsvoll wie die eines Baumes mitten im Garten. Die Deutung eines Hexagramms hat also denselben Wert wie irgendeine ursächliche Erklärung in dem Moment, in dem sie abgegeben wird.

Es ist schwierig für den westlichen Geist, die Ursächlichkeit entschieden beiseitezuschieben und diese Denkweise anzunehmen, dennoch ist das unverzichtbar für die Beschäftigung mit I Ging. Wie Jean Bolen, eine amerikanische Psychiaterin, die das I Ging in ihrer Therapie anwendet, anmerkt, »greift hier der sinnvolle Zufall ein (oder die Synchronizität, um den von C. G. Jung geprägten Begriff für dieses Phänomen zu gebrauchen). Logischerweise gibt es kein Mittel, die Genauigkeit und die Richtigkeit der Antwort, die man erhält, zu belegen. Eigentlich dürfte das I Ging nicht als Orakel funktionieren, und doch tut es das.«

Schluß des Vorworts von C. G. Jung zu der englischen Ausgabe des I Ging

»Was die Tausende von Fragen, Zweifeln und Kritiken angeht, die dieses eine einzige Werk hervorruft, so kann ich nicht darauf antworten. Das I Ging präsentiert sich mit Beweisen und Resultaten; es preist sich nicht an, es liefert keinen bequemen Zugang. Als ein Element der Natur wartet es, daß man es entdeckt. Es bietet keine Tatsachen, keine Fähigkeiten an, aber für die Menschen, die in das Wissen über sich selbst und in die Weisheit verliebt sind – wenn es das gibt –, scheint es das angemessene Buch zu sein. Dem einen erscheint sein Geist so hell wie das Tageslicht, einem anderen so voller Schatten wie die Dämmerung, einem dritten dunkel wie die Nacht. Derjenige, dem es nicht gefällt, braucht es nicht zu benutzen, und derjenige, der dagegen ist, ist nicht gezwungen, es zuverlässig zu finden. Möge es sich in der Welt verbreiten zum Wohle derer, die seine Bedeutung erkennen können.«

Intuitiv hat jedes (objektive oder subjektive) Ereignis einen Sinn und erlaubt die Existenz einer unsichtbaren und unbekannten Beziehung. Im Rahmen dieser unsichtbaren Beziehung (zwischen dem Menschen und dem Kosmos), dieses Zufalls eines Augenblicks entsteht die Deutung der Hexagramme.

Jean Bolen betont, daß das I Ging nicht wie ein Gesellschaftsspiel funktionieren kann. Genau wie nicht alle Menschen dieselbe Fähigkeit besitzen, damit zu arbeiten, genauso antwortet das I Ging nur auf Fragen, mit denen man sich innerlich sehr aktiv und stark beschäftigt. Das Ta Tschouan erklärt dazu:

»Deswegen fragt der edle Mensch, wenn er etwas zu tun oder zu verwirklichen hat; er tut das mit Worten. Das Buch empfängt seine Mitteilungen wie ein Echo; es ist nichts Entferntes, nichts Nahes, nichts Geheimnisvolles, nichts Tiefes: So erfährt der edle Mensch von den kommenden Dingen. Wenn das Buch nicht das Geistigste wäre, was es auf der Erde gibt, wie könnte es dann so sein?« (Kap. X, 1. Teil)

Dieser Absatz beschreibt die Psychologie des Orakels. Er zeigt den Geisteszustand auf, in dem man seine Frage formulieren und die Antwort erhalten muß. Wenn in der Praxis derjenige, der um Rat fragt, nicht vollkommen erfüllt ist von seinem Thema, wenn er nicht ein drängendes Problem hat, läuft das Urteil des Orakels Gefahr, keinerlei Sinn zu haben, denn es bekommt keine Bedeutung für ihn. Und wenn der Ratsuchende nicht die Art des Symbolismus des Tao respektiert, wenn er nicht den Blick der Sympathie für das Tao hat, erhält er keine einsehbare Antwort, denn es nützt dann überhaupt nichts; er ist nicht in der Lage, etwas aus der Gelegenheit zu machen. Wie das Ta Tschouan sagt:

»Nimm zuerst die Worte,
denk über den Sinn nach,
dann eröffnen sich die feststehenden Gesetze;
wenn du nicht der richtige Mensch bist,
eröffnet sich der Sinn nicht für dich.«

ZWEITER TEIL

Die Schlüssel des I Ging

I.
Die Trigramme

Vor der Benutzung der Hexagramme befragt man das Orakel mit Hilfe eines einfachen Spiels, Yang und Yin, ja oder nein. Der positive Charakter wird durch eine durchgehende Linie dargestellt

——— Das Yang

Der negative Charakter wird durch eine durchbrochene Linie dargestellt

— — Das Yin

Dann verdoppelt man die Linien, um vier Antworten zu bekommen:

——— ———	——— — —	— — — —	— — ———
Ja oder Altes Yang	Ja, aber ... oder Junges Yang	Nein oder Altes Yin	Nein, aber ... oder Junges Yin

Indem man eine dritte Linie hinzufügt, erhält man acht Figuren, acht Trigramme, die zu den grundlegenden Symbolen allen Wahrsagens mit dem I Ging wurden*. Jedes bekam einen Namen, eine Tugend und mehrere Attribute. Sie wurden einander entsprechend der Lage ihrer Linien zugeordnet und teilen so Zeit und Raum. Jedes bekam auch eine Position in der Familie, wurde mit einem Körperteil verbunden, bekam ein Element zugesellt, symbolisierte ein Tier usw. Ausgehend von Yin und Yang, wurden sie entwickelt, um die Gesamtheit der Veränderungen auf der Erde und am Him-

* Eine andere im antiken China angewandte Methode bestand darin, einen Schildkrötenpanzer, dessen Oberfläche in verschiedene Abteilungen für die vier Himmelsrichtungen, die fünf Elemente, die zwölf Monate usw. aufgeteilt war, dem Feuer auszusetzen. Wenn er zersprang, zeichneten sich auf dem Panzer wahrsagende Figuren ab, die in 360 verschiedenen Zeichen festgehalten waren, die man las und deutete. Man weiß nicht, wie lange es diese Methode gab. Es ist möglich, daß sie sich zeitlich eine Weile mit dem I Ging überschnitt, bis sie zugunsten des I Ging vollkommen verschwand.

mel, im Menschen und in der Natur darzustellen. Wie Marcel Granet in seinem Buch über die chinesische Gedankenwelt schreibt, »lieferten sie so ein konzentriertes Bild des Universums«.

Indem man jeweils zwei dieser Trigramme zusammenstellte, bekam man die 64 archetypischen Situationen des I Ging, weiterentwickelte Ansichten des Universums. Die Trigramme sind also wesentlich für die Deutung jedes Hexagramms. Hier ihre Besonderheiten:

Die acht Trigramme:

☰ **K'ien** Der Himmel	☷ **K'ouen** Die Erde	☳ **Tchen** Der Donner
☵ **K'an** Das Wasser	☶ **Ken** Der Berg	☴ **Souen** Der Wind
☲ **Li** Das Feuer	☱ **Touei** Der See	

K'IEN ist der Schöpfer. Es hat als Bild den Himmel, als Tugend die Kraft.

Die Attribute sind Inspiration, schöpferische Kraft, Macht, Aufstieg. Es symbolisiert die Fülle, die Macht und den Erfolg.

Platz in der Familie: Vater. Körperteil: der Kopf.

Andere Beziehungen: Pferd, Jade, Metall, die Kälte, das Eis, das dunkle Rot. Die Einheit des Schöpfers.

K'OUEN ist das Rezeptive. Es hat als Bild die Erde, als Tugend die Fügsamkeit.

Die Attribute sind Inspiration, Treue, Aufnahmebereitschaft, die Weichheit, der Schutz. Es symbolisiert den Erfolg durch Sanftheit, Heiterkeit, Hingabe und Selbsthingabe.

Platz in der Familie: Mutter. Körperteil: Bauch.

Andere Beziehungen: Kuh, Stoff, Wirtschaft, die Farbe Schwarz, der Baumstamm, der Wagen, die Fruchtbarkeit, die Passivität. Die Ausbreitung und die Vielfalt der Formen.

TCHEN ist der Erwecker. Es hat als Bild den Donner, als Tugend die Bewegung.

Die Attribute sind die Impulsivität, die Provokation, die Heftigkeit, das, was mit Gewalt wächst. Es symbolisiert die Entscheidung und das Ungestüm.

Platz in der Familie: ältester Sohn. Körperteil: Fuß.

Andere Beziehungen: der Drache, das Gras, der junge, grüne Bambus, das wiehernde Pferd, Früchte mit Schalen, die Farbe Orange. Die Rückkehr zum Leben, die große Straße, die den Weg zum Leben weist.

K'AN ist die Tiefe, der Abgrund. Es hat als Bild das Wasser, als Tugend die Gefahr.

Die Attribute sind die Melancholie, die schwierige Arbeit, die Strenge, die Fallen des Lebens. Aber auch das Eindringen. Es symbolisiert das, was sich in Windungen vorwärtsbewegt, das, was sich biegt und wieder streckt. Lao-tse sagte, daß nichts geschmeidiger und schwächer ist als das Wasser,

»Aber um das Harte und das Starke zu beseitigen,
wird es von nichts übertroffen,
und nichts kann es ersetzen.«

Platz in der Familie: zweiter Sohn. Körperteil: Ohr.

Andere Beziehungen: das Schwein, Pfeil und Bogen, das Blut, die Farbe Rot, die Diebe, die sich retten, Holz in vollem Saft. Und vor allem der Mond, also alles, was geheimnisvoll, geheim und schwer zu verstehen ist.

KEN ist die Trägheit. Es hat als Bild den Berg, als Tugend den Stillstand, das, was in Ruhestellung ist.

Die Attribute sind die Sorgfalt, die Bescheidenheit, der Widerstand. Aber auch die Einsamkeit. Es symbolisiert das, was fest und schwer in Bewegung zu bringen ist.

Platz in der Familie: dritter Sohn. Körperteil: Hand.

Andere Beziehungen: der Hund, der Mönch, die Farbe der Morgenröte, die Polizisten, die Öffnungen, ein knorriger und widerstandsfähiger Stamm. Die Bergpfade, d. h. die gewundenen Wege. Sein Element ist der Stein.

SOUEN ist das Sanfte. Es hat als Bild den Wind, als Tugend das, was durchdringt.

Seine Attribute sind die Förmlichkeit, die Norm, die Unentschlossenheit, der Rückzug. Aber auch die Arbeit, der Angriff und manchmal die Heftigkeit. Souen ist mit Sicherheit das widersprüchlichste Zeichen, wobei es in bestimmten Zügen sein Gegenteil Tchen, den Donner, erreicht. Es symbolisiert das, was sich wie der Wind verbreitet, vorankommt und zurückgeht. Es dient als Vermittler.

Platz in der Familie: älteste Tochter. Körperteil: Oberschenkel.

Andere Beziehungen: Hahn und Henne, Element: Luft. Die Farbe Weiß. Die Gerüche, die Länge, die Höhe, Menschen mit weißen Haaren und gierig auf Gewinn. Es ist der Akt des Eintretens, der Schußfaden eines Stoffes.

Anmerkung: Weisen wir noch darauf hin, daß Souen auch das Holz, der Baum ist; bei bestimmten Hexagrammen greifen wir darauf zurück, nicht auf den Wind.

LI ist das, was sich verbindet. Es hat als Bild das Feuer, als Tugend die Erleuchtung.

Seine Attribute sind die Gemeinsamkeit, die Klarheit, die Schönheit. Wie die Sonne bringt es Licht, Wärme und manchmal Trockenheit. Es symbolisiert gleichzeitig die klare Intelligenz und die Eleganz.

Platz in der Familie: zweite Tochter. Körperteil: Auge.

Andere Beziehungen: der Fasan, die Farbe des Goldes, die Waffen ganz allgemein, Panzer und Helme, Lanzen, Tiere mit einem Panzer.

Das Erscheinen des Trigrammes ☲ bestimmt in großen Teilen seine Symbolik; alles, was außen hart und innen hohl ist.

TOUEI ist das Vergnügen. Es hat als Bild den See, als Tugend die Freude.

Seine Attribute sind das Glück, die Sinnlichkeit, die Freude, die heitere Ruhe, die Magie. Es symbolisiert das, was sprudelt, aber auch gleichzeitig das, was reif ist und wie eine Frucht fällt.

Platz in der Familie: dritte Tochter. Körperteil: Mund, Zunge.

Andere Beziehungen: Das Schaf, die Farbe Grün, die Nachbarin, die Geliebte, das Fleisch, aber auch der ausgetrocknete Boden eines Sumpfes, ein eigensinniger Charakter. Es ist das Zeichen der Zufriedenheit und der Freude, das aber in bestimmten Fällen auch bis zur Zerstörung und zum Ruin geht.

Die Reihenfolge der acht Trigramme

Im Kommentar zu den Trigrammen ist die Gesamtheit der symbolischen Beziehungen dargestellt, die wir gerade gesehen haben. Damit der Überblick über die Trigramme vollständig ist, brauchen wir eine Reihenfolge oder eine Orientierung in der Zeit und im Raum.

Die erste Orientierung wird uns durch die Familie gegeben. K'ien ist der Vater, K'ouen die Mutter. Ihrer Vereinigung entstammen drei Jungen und drei Mädchen, Tchen, K'an, Ken und Souen, Li, Touei. So sind auch vier männliche Elemente Yang/aktiv und vier weibliche Elemente Yin/passiv festgelegt. Man findet diese Anordnung auch in der Aufteilung des Königs Wen.

Es gibt in der Tat zwei Anordnungen, die, weit entfernt davon, sich gegenseitig auszuschließen, eine ergänzende Funktion zu haben scheinen; je nach Gegebenheit beziehen sich die Kommentatoren mal auf die eine, mal auf die andere.

Die Fou-hi genannte Anordnung beruht auf einer Reihenfolge der Paare, die sich entsprechend der Anordnung ihrer Linien gegenüberstehen. Diese Aufteilung wird die Ordnung des vorhergehenden Himmels genannt, und sie zeigt das Gesetz des Gleichgewichts durch die Veränderungen eines Trigramms in ein anderes.

Zum Beispiel:

Touei Der See	☱	←→	**Ken** Der Berg	☶

Die Anordnung von Fou-hi

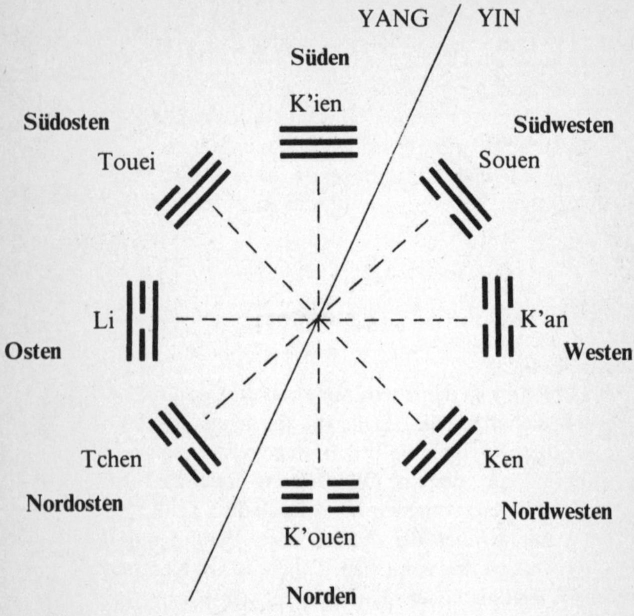

Die Trigramme sind mit der Windrose verbunden, und sie folgen so einander im Raum (es ist anzumerken, daß für die Chinesen der Platz oben der Süden ist). In dieser Anordnung ist es die untere Linie, die das »Geschlecht« andeutet, d. h. die aktive oder die passive Funktion der Trigramme. Tchen – Li – Touei – K'ien werden also als Yang, männlich angesehen, Souen – K'an – Ken – K'ouen als Yin, weiblich. Die vier ersten bezeichnen die aktiven Kräfte der Natur, die zweiten vier die Bedingungen im Verlauf des Jahres. Die Bewegung der gegenüberliegenden Trigramme, verbunden mit der der aufsteigenden Linien – von Tchen zu K'ien – oder der der absteigenden – von Souen zu K'ouen –, bestimmt den ganzen Zyklus der Verwirklichung, der im Menschen und in der Natur existiert.

Die Anordnung des Köngis Wen

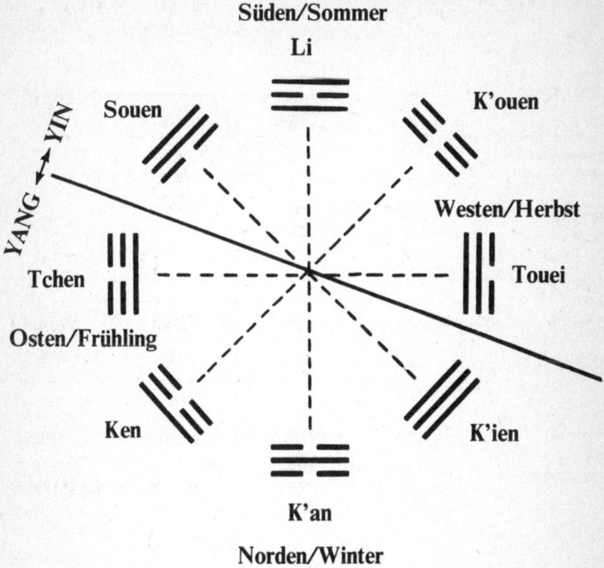

In der Anordnung des Königs Wen bestimmt die Anzahl der Yin- und Yang-Linien das Geschlecht der Trigramme. Jene, die eine oder drei Yin-Linien haben, sind weiblich, die mit einer oder drei Yang-Linien männlich. Also sind K'ouen – Souen – Li – Touei Yin, weiblich, passiv. K'ien – Tchen – Ken – K'an sind Yang, männlich, aktiv. Die Aufteilung in bezug auf die Familie wurde schon beschrieben.

Wie die Fou-hi-Anordnung teilt die des Königs Wen die Trigramme im Raum ein, aber was vorherrscht, ist die zeitliche Abfolge ihrer Reihenfolge des Erscheinens im Jahr.

Yüan-Kuang merkt an, daß die Anordnung des Königs Wen eher in der zeremoniellen taoistischen Magie benutzt wird, die des

Kaisers Fou-hi beim Wahrsagen. Aber es scheint schließlich so, daß man im allgemeinen das von der Familie bestimmte »Geschlecht« (d. h. das aus der Anordnung des Königs Wen) und den Jahresablauf des Königs Wen und dagegen die geographische Anordnung und die Bewegung von Fou-hi benutzt.

Hier also eine Zusammenfassung der Reihenfolge:

	K'ien	**Touei**	**Li**	**Tchen**
Himmelsrichtung	S	SO	O	NO
Pol	+	–	–	+
Jahreszeit	Winteranfang	Herbst	Sommer	Frühjahr

	K'ouen	**Ken**	**K'an**	**Souen**
Himmelsrichtung	N	NW	W	SW
Pol	–	+	+	–
Jahreszeit	Herbstanfang	Frühlingsanfang	Winter	Sommeranfang

II.
Die Hexagramme

1 Hexagramm = 2 Trigramme

Jedes Hexagramm ist eine Figur, die aus sechs durchgehenden oder unterbrochenen Linien zusammengesetzt ist, Yang oder Yin, aber man muß es auch immer als das Nebeneinander von zwei Trigrammen und nicht als ein kompaktes, unveränderliches Ganzes sehen.

64 an der Zahl (8 × 8 Trigramme), spiegeln die Hexagramme die Bewegungen der Trigramme wider, die miteinander verbunden sind, die sich abstoßen oder anziehen und wechselnde Bilder vom Menschen im Universum liefern.

Wenn man ein Hexagramm deutet, muß man zuerst auf die beiden Trigramme zurückgehen, die es bilden, denn seine Symbolik ergibt sich direkt aus deren Sinn. Man muß auch ihre Stellung zueinander in Betracht ziehen, denn sie schafft das natürliche Bild des Hexagramms. Um es zu lesen, geht man vom oberen Trigramm aus, um dann zum unteren überzugehen.

Zum Beispiel:

Hexagramm 9,

Siao Tchou,

in dem der Wind oben

und der Himmel unten ist,

hat als Bild den Wind, der hoch oben am Himmel weht.

Hexagramm 27, Yi,

mit dem Berg oben

und dem Donner unten,

hat als Bild den Berg, an dessen Fuß der Donner liegt, was symbolisch bedeutet, daß der weise Mensch seine Begierden und Wünsche im Zaum hält.

Wir werden später von der Lage und der Bedeutung der Linien sprechen, aber man kann schon anmerken, daß es nach demselben Prinzip Entscheidungen zwischen ihnen gibt. Die erste und die vierte Linie eines Hexagramms (von unten ausgehend) gehören als untere Linien der beiden Trigramme zusammen, genau wie die zweite und die fünfte, die dritte und die sechste (obere Linien).

Die Veränderung in den Hexagrammen

Was im I Ging handelt, das ist die Veränderung. Veränderungen von Zuständen, Veränderungen von Ereignissen und Situationen, Veränderungen des Seelenlebens. Diese Metamorphosen werden beim Stellen des Orakels deutlich durch die Entwicklung jedes Hexagramms zu dem, was man sein ergänzendes Hexagramm nennen könnte. Die Kraft auf dem Grund dieser Entwicklung ist das Prinzip von Yin und Yang und das der Veränderung der Linien.

Bestimmte Linien werden bewegliche genannt, andere ruhende. So besitzt jede Linie eine doppelte Charakteristik: sie ist entweder durchgehend (Yang) oder unterbrochen (Yin), beweglich oder ruhend.

Während des Auslegens (s. den Absatz über die Art der Befragung) wird jede erhaltene Linie mit einer Zahl von 6 bis 9 gekennzeichnet. Das sind die Zahlen, die die doppelte Charakteristik der Linien bestimmen.

	Charakteristik	Entsprechendes Symbol
Linie mit einer 6	**bewegliches Yin**	— — X
Linie mit einer 7	**ruhendes Yang**	———
Linie mit einer 8	**ruhendes Yin**	— —
Linie mit einer 9	**bewegliches Yang**	——— X

Die beiden beweglichen Linien (durch 6 und 9 bezeichnet) haben die Fähigkeit, sich in ihr Gegenteil zu verkehren, sie bringen so ein ergänzendes Hexagramm hervor.

— — X wird ———

——— X wird — —

Zum Beispiel: Wenn der Ratsuchende die folgenden Ziffern 7-7-6-8-9-8 wirft, hat er das Hexagramm Nr. 60, die Einschränkung. (Man schreibt immer die erste Zahl auf die Grundlinie, dann fährt man nach oben fort.)

6. Linie – 8 — —
5. Linie – 9 ——— X
4. Linie – 8 — —
3. Linie – 6 — — X
2. Linie – 7 ———
1. Linie – 7 ———

Da die Linien 6 und 9 sich in ihr Gegenteil verwandeln, kann man jetzt das ergänzende Hexagramm bilden, es ist Nummer 11, T'ai, Der Friede.

Das erste Hexagramm ist die Antwort auf die Frage, es beschreibt die bestehende Situation. Das ergänzende Hexagramm beschreibt die Entwicklung, die »Zukunft« oder die Endsituation. Aber die beweglichen Linien haben außerdem einen besonderen Sinn. In der Praxis muß der Ratsuchende also damit anfangen, die allgemeine Deutung des erhaltenen Hexagramms zu lesen. Dann die Bedeutung der beweglichen Linien. Schließlich folgt die allgemeine Deutung des ergänzenden Hexagramms (dabei wird die Bedeutung der veränderten Linien nicht mehr betrachtet).

In unserem Beispiel liest der Ratsuchende also den Text von Hexagramm 60, dann den Text der Linien 3 und 5 von Hexagramm 60 (angezeigt durch 3 — — X und 5 ———), schließlich den von Hexagramm 11.

Manchmal kommt es vor, daß keine bewegliche Linie dabei ist. Dann nimmt man an, daß die Situation statisch oder schon am Ziel angekommen ist. Dann braucht nur die allgemeine Deutung zu Rate gezogen zu werden.

Kernhexagramm

Man kann das System vervollständigen, indem man ein Kernhexagramm herstellt. Es wird gebildet aus den beiden inneren Trigrammen (Linien 2, 3, 4 und 3, 4, 5) des ersten Hexagramms.

Beispiel:

Hexagramm 60 — Kerntrigramme — Kernhexagramm (Nr. 27, Yi)

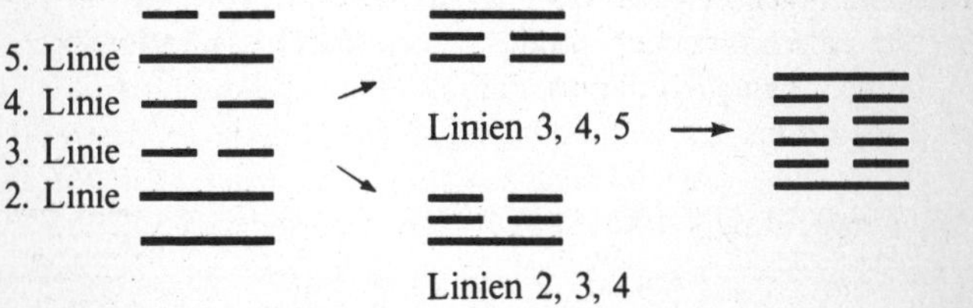

Das neue Hexagramm gibt zusätzliche Hinweise auf die Entwicklung Ihrer Frage. Wie beim ergänzenden Hexagramm darf auch hier nur der Text der allgemeinen Deutung gelesen werden.

Die Linien

Die Linien sind also das Grundmaterial der Veränderungen des I Ging. Die ruhenden Linien haben keine innere Bedeutung und bleiben immer sie selbst. Dagegen verändern sich die beweglichen und bestimmen damit die Entwicklungsmöglichkeiten des fraglichen Ereignisses. Aus dem Grunde studiert man ihre besonderen Bedeutungen, denn sie sind auf gewisse Weise treibende Kraft – innere und äußere Kräfte des Menschen, aber immer mit seiner Einstellung und seiner Persönlichkeit verbunden –, die das Warum und Wie gegenwärtiger und zukünftiger Situationen erklärt.

Für die Deutung der Linien muß man jedoch auch ihre Position im Hexagramm einbeziehen.

Symbolischer Wert der Linien

a) Allgemein gilt, daß die oberen Linien der beiden Trigramme (Linien 3 und 6 des Hexagramms) den Willen des Himmels enthalten; die mittleren Linien (Linien 2 und 5) enthalten den Willen des Menschen, die unteren Linien (Linien 1 und 4) den Willen der Erde.

b) Ausgehend von der bestehenden Verbindung zwischen jedem Hexagramm und seinem Kernhexagramm, merkt Richard Wilhelm auch an, daß die untere und die obere Linie des Hexagramms (Linien 1 und 6) zu nur einem Trigramm gehören; die mittleren (Linien 2 und 5) gehören zu zwei Trigrammen (s. Beispiel im vorausgehenden Abschnitt), die zentralen Linien (Linien 3 und 4) zu drei Trigrammen. Er folgert daraus, daß die obere und die untere Linie dazu neigen, »aus der Verbindung zu fallen«, daß die mittleren Linien im Gleichgewicht sind (meistens günstig) und daß die zentralen Linien dieses Gleichgewicht stören.

c) Unter dem Gesichtspunkt der linearen Folge markiert die Linie 1 den Beginn einer Aktivität. Sie kommt und muß aufsteigen. Die Linie 6 ist das Ende der Aktivität. Sie zeigt das Gehen an und verschwindet.

Die mittleren Linien bedeuten:

5. Linie – der Herrscher oder der Vater oder der Mann.
4. Linie – der Diener oder der Untergebene von 5 oder auch die Frau von 5.
3. Linie – ein Zustand des Übergangs.
2. Linie – der Beamte oder der Sohn von 5.

d) Es ergibt sich also, daß die 5. und die 2. Linie die wichtigsten sind, und man muß besonders auf ihre Bedeutung achten.

Charakter der Linien

Viel bedeutsamer als die symbolische Bedeutung ist ihr Charakter.

Die Linien 1, 3 und 5 haben einen Yang-Charakter, aktiv, voll Energie, hart.

Die Linien 2, 3 und 6 haben einen Yin-Charakter, passiv, nachgiebig, unterwürfig.

Wenn uns das Auslegen also mal Yang-Linien ▬▬▬ und mal Yin-Linien ▬ ▬ bringt, ergibt sich daraus, daß die Linien einen richtigen Platz einnehmen oder nicht. Yang auf der Linie 1, 3 oder 5 ist richtig, auch Yin auf der Linie 2, 4 oder 6.

Aber das bedeutet nicht, daß sie ohne weiteres günstig sind. Ein Yang-Zeichen auf einer Yin-Linie läßt seine Sanftheit noch unterwürfiger werden. Je nachdem, ob das Hexagramm Härte oder Sanftheit erfordert, zeigt sich der Charakter der Plätze günstig oder nicht. Wenn beispielsweise ein Hexagramm Festigkeit verlangt, ist ein Yang-Zeichen auf einer Yang-Linie günstig und umgekehrt ein Yin-Zeichen auf einer Yin-Linie ungünstig.

Im übrigen zeigt ein Yang-Zeichen auf einer Yin-Linie (oder ein Yin-Zeichen auf einer Yang-Linie), das heißt auf dem falschen Platz, immer Gleichgewicht an. Aber auch da kann, entsprechend dem allgemeinen Sinn des Hexagramms, der »ausgeglichene« Charakter günstig oder ungünstig sein.

Man stellt so fest, daß der Charakter der Linien schon einen wertvollen Hinweis auf die Antwort zur gestellten Frage liefert.

Übersicht über die Hexagramme

TRIGRAMME		DIE OBEREN							
		K'ien ☰	Tchen ☳	K'an ☵	Ken ☶	K'ouen ☷	Souen ☴	Li ☲	Touei ☱
DIE UNTEREN	K'ien ☰	1	34	5	36	11	9	14	43
	Tchen ☳	35	51	3	27	24	42	21	17
	K'an ☵	6	40	29	4	7	59	64	47
	Ken ☶	33	62	39	52	15	53	56	31
	K'ouen ☷	12	16	8	23	2	20	35	45
	Souen ☴	44	32	48	18	46	57	50	28
	Li ☲	13	55	63	22	36	37	30	49
	Touei ☱	10	54	60	41	19	61	38	58

Diese Übersicht ermöglicht es, die Hexagramme zu finden. Teilen Sie das gefundene Hexagramm in das untere und das obere Trigramm auf. Der Schnittpunkt der beiden Trigramme weist auf die Nummer des gesuchten Hexagramms hin.

III.
Formen der Befragung

Um die sechs Linien, die das Grundhexagramm bilden, zu bestimmen, kann man entweder die fünfzig Schafgarbenstengel benutzen - eine traditionelle Methode - oder aber drei Geldmünzen, eine Methode, die viel schneller ist. Man zeichnet das Hexagramm immer, indem man mit der unteren Linie beginnt.

Methode mit den Schafgarbenstengeln

1. Nehmen Sie die 50 Stäbchen. Ziehen Sie eins heraus, es bleibt bis zum Ende beiseite liegen.
2. Sie haben also 49 Schafgarbenstengel vor sich. Machen Sie daraus zwei Haufen.
3. Nehmen Sie ein Stäbchen vom rechten Haufen und halten Sie es zwischen dem kleinen Finger und dem Ringfinger der linken Hand.
4. Greifen Sie jetzt den ganzen linken Haufen mit Daumen und Zeigefinger der linken Hand.
5. Mit der rechten Hand nehmen Sie von diesem Haufen immer vier Stengel weg, bis nur noch vier oder weniger da sind. Nehmen Sie jetzt den Rest zwischen Ring- und Mittelfinger der linken Hand.
6. Nehmen Sie jetzt den rechten Haufen zwischen Daumen und Zeigefinger der linken Hand und machen Sie weiter wie unter 5. Wenn nur noch vier oder weniger Stengel übrig sind, nehmen Sie sie zwischen Mittel- und Zeigefinger der linken Hand.
7. Sie haben jetzt neun oder fünf Stäbchen in der linken Hand. Legen Sie sie beiseite.
8. Fügen Sie die restlichen Stengel wieder zusammen und teilen Sie sie noch einmal in zwei Haufen. Wiederholen Sie die Schritte 3.–6.
9. Jetzt haben Sie acht oder vier Stengel in der linken Hand. Legen Sie sie beiseite.

10. Machen Sie das Ganze mit den restlichen Stengeln ein drittes Mal. Sie haben wieder acht oder vier Stengel in der Hand. Legen Sie sie beiseite.
11. Um die erste Linie des Hexagramms zu bestimmen, zählen Sie die Stengel in jedem der unter 7., 9. und 10. beiseitegelegten Häufchen. Dabei muß man wissen, daß

    9 oder 8 Stengel den Wert 2 haben,
    5 oder 4 Stengel den Wert 3 haben.

    Wenn die Summe 6 ist (2 + 2 + 2),
    haben Sie eine bewegliche Yin-Linie — — X

    Wenn die Summe 7 ist (2 + 2 + 3),
    haben Sie eine ruhende Yang-Linie ———

    Wenn die Summe 8 ist (3 + 3 + 2),
    haben Sie eine ruhende Yin-Linie — —

    Wenn die Summe 9 ist (3 + 3 + 3),
    haben Sie eine bewegliche Yang-Linie ——— X
12. Wenn die erste Linie bestimmt ist, machen Sie 1.–11. noch einmal, um die zweite Linie festzulegen, dann die dritte usw., bis Sie sechs haben.

Methode mit den Münzen

Nehmen Sie drei Münzen und werfen Sie sie gleichzeitig. Jeder Wurf liefert eine Linie des Hexagramms, das man immer von unten beginnt.

Die Vorderseite zählt 3, die Rückseite 2.

Wenn die Summe 6 ist (dreimal Rückseite),
haben Sie eine bewegliche Yin-Linie — — X

Wenn die Summe 7 ist (Vorderseite, Rückseite, Rückseite),
haben Sie eine ruhende Yang-Linie ———

Wenn die Summe 8 ist (Rückseite, Vorderseite, Vorderseite),
haben Sie eine ruhende Yin-Linie — —

Wenn die Summe 9 ist (dreimal Vorderseite),
haben Sie eine bewegliche Yang-Linie ——— X

Werfen Sie die Münzen sechsmal, damit Sie die sechs Linien des Hexagramms erhalten.

雨師

IV.
Wie man ein Hexagramm liest oder wie man dieses Buch benutzt

Hier der zeitliche Ablauf dessen, was man tun muß, um die Antwort des I Ging zu erfahren:

Die Frage

Zuerst muß man eine Frage stellen. Sie muß so kurz und präzise wie möglich sein und darf vor allem keine Doppeldeutigkeit enthalten.

Zum Beispiel:

Sag mir etwas über meine Situation in bezug auf jenes Ereignis oder jenen Bereich.

Welche Einstellung und welche Linie des Handelns muß ich in diesem Moment wählen?

Die Kouas

Als nächstes muß man die Grundfigur des Hexagramms (das Koua) zeichnen. Das macht man entweder mit den Schafgarbenstengeln oder mit den Münzen (s. S. 49 f.).

Ausgehend von den beweglichen Linien, bestimmt man das ergänzende Hexagramm (s. S. 42 ff.).

Wenn nötig, bestimmt man die Kernhexagramme aus den vorhergehenden (s. S. 45).

Die Deutung

Mit Hilfe der Tabelle sucht man zuerst die Nummer von jedem Hexagramm (s. S. 48).

Es genügt dann, wenn Sie im dritten Teil dieses Buches die Nummer nachschlagen. Der dritte Teil befaßt sich mit der Bedeutung der 64 Hexagramme und der Linien. Das Grundhexagramm weist auf die gegenwärtige Situation in bezug auf die Frage hin, das ergänzende Hexagramm zeigt die Schlußsituation oder die Zukunft. Die Linien und die Kernhexagramme geben wesentliche Hinweise auf die Entwicklung.

Für jedes Hexagramm liest man die allgemeine Deutung, wobei man die Lage der Trigramme einberechnet und sich auf sie bezieht (s. S. 33).

Für das Grundhexagramm liest man zusätzlich den Text, der sich auf die beweglichen Linien bezieht (mit **X** gekennzeichnet).

DRITTER TEIL

Die vierundsechzig Hexagramme

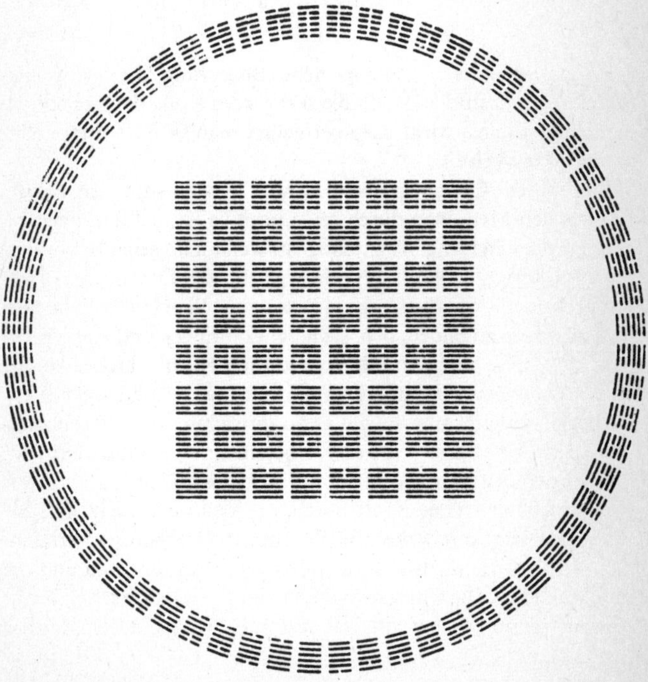

1. K'IEN — **Der Himmel**

☰☰ oben der Himmel
unten der Himmel

DEUTUNG

Symbol: K'ien ist das ursprüngliche aktive Prinzip, es ist ganz Yang und beherrscht die ganze Schöpfung. Es ist die höchste Macht. Die lebendige, helle, positive, schöpferische Kraft, ausgerichtet auf das Geistige. Als doppeltes Himmelsbild weist es auf die regelmäßige und beständige Aktion des Tao (das Prinzip) hin, die alles in der Welt und bei dem Menschen formt und verändert. Es ist der Himmel in Bewegung, der mit der Zeit sein Spiel treibt und keinerlei Schwäche zeigt.

Allgemeine Bedeutung: (Die allgemeine Bedeutung, die man für jedes Hexagramm studiert, stellt die Aktion des Koua dar, die auf die Welt der Menschen wirkt; also betrachtet man sie als Symbol eher auf abstrakte Weise.)

Unter diesem Gesichtspunkt betont K'ien den sublimen Erfolg. Indem es den Menschen durch seine positive Kraft führt, zeigt es, daß der eingeschlagene Weg richtig ist, wenn man seine Bemühungen aufrechterhalten kann. Wie ein erwachender Drache (sein Tier-Symbol) bringt K'ien die Dinge in Bewegung. Sein Handeln besteht darin, die Ideen zu bilden, d. h. sie hervorzubringen und zu verwirklichen. Aber alles hängt von Ihnen und Ihrer Hartnäckigkeit ab. Sie sind mitten in einer Veränderung, die von einer wohltuenden Aktivität begleitet wird, und die gilt es zu dirigieren und aufrechtzuerhalten, denn sie ist grundlegend in Übereinstimmung mit dem Tao. Das erfordert Ausdauer, Kraft und Entschlossenheit.

Die Macht der Yang-Kraft hört da jedoch noch nicht auf. Sie »treibt« Sie nicht nur weiter, bis Sie Ihre »wahre Natur«* erreicht haben, sie sprudelt auch aus Ihnen heraus auf die anderen und auf Ihre Umgebung. Die Chinesen sehen in ihr die Kraft, die den Heiligen motiviert und es ihm möglich macht, Frieden und Reichtum zu

* In taoistischem Sinn ist Ihre Natur Te. Und wie wir schon darauf hingewiesen haben, geht diese Natur von höherer Ordnung über die einfache menschliche Tugend hinaus, um sich am Anfang allen Seins mit dem Prinzip des Tao zu vereinen.

verbreiten. »Die Kraft des Himmels« im wahrsten Sinne des Wortes! Ohne so weit zu gehen, kann man in ihr eine Kraft sehen, die die Einheit und die Harmonie aufrechterhält und bei den anderen ihr besseres Naturell erweckt. Dank ihrer Macht kommen die Dinge ganz allgemein voran, sie nehmen Form an und vervollkommnen sich.

DIE LINIEN

Wenn alle Linien beweglich sind, d. h. wenn Sie sechsmal hintereinander die 9 haben, haben Sie das perfekte Hexagramm, das die Einheit der Kraft und der Sanftheit symbolisiert. Alles bewegt sich auf dem Weg der Vollendung des Selbst und aller Dinge im Gleichgewicht zwischen Himmel und Erde. Vollkommener Erfolg, wenn Sie in Übereinstimmung mit dem natürlichen Weg des Tao-te handeln.

1 ——— X * *Der Drache ist noch verborgen, handelt nicht.*

Die schöpferische Kraft ist noch nicht bereit, voll in der äußerlichen Welt zu handeln. Geduld, erwarten Sie Ihre Stunde! Ihre Kraft entwickelt sich im Schatten. Versuchen Sie nicht, die Situationen zu erzwingen, und lassen Sie sich nicht durch den Erfolg, das Mißgeschick oder die anderen beeinflussen. Wenn Sie gelernt haben, natürlich, instinktiv und spontan zu handeln (Wu-Wei), dann ist der Augenblick gekommen.

2 ——— X *Der Drache erscheint.*

Ihre Yang-Kraft beginnt sich zu zeigen, obwohl sie sich noch nicht ganz stabilisiert hat. Vorsicht also! Sie werden die notwendige Unterstützung bei einem weisen, einflußreichen Menschen finden. Es ist von Vorteil, ihn zu suchen.

---

* Erinnern wir daran, daß 1 ——— X bedeutet, daß Sie eine bewegliche Yang-Linie (Wert 9) auf der ersten Position haben (untere Linie), 2 ——— X bedeutet ein bewegliches Yang-Zeichen auf der zweiten Linie (von unten ausgehend) usw.

3 ——— X *Der Weise ist aktiv am Tag.*
Am Abend ist er wachsam und ruht nicht.

Die Wirkungen der Kraft werden jetzt spürbar. Man kommt zu Ihnen. Sie sind an dem Punkt, das zu verwirklichen, was Sie in sich tragen, es ist aber eine gefährliche Klippe. Um sie fehlerlos zu bewältigen, ist es gut, das innere Naturell genauso wie die äußere Position zu erhöhen.

4 ——— X *Der Drache springt in den Abgrund.*

Es ist der Augenblick der Entscheidung. Es gibt die Möglichkeit voranzukommen, aber Sie sind dazu nicht verpflichtet. Sie können Ihre Persönlichkeit in der äußeren Welt entwickeln oder aber im Inneren, indem Sie Ihren Charakter erhöhen. Nur Ihr Herz darf Ihre Wahl bestimmen, nicht der Einfluß der Dinge und Werte in der äußeren, sozialen Welt. Der richtige Weg wird immer der Ihres innersten Naturells sein.

5 ——— X *Der Drache erhebt sich und*
fliegt durch den Himmel.

Das aktive Prinzip hat hier sein Maximum erreicht; es erhebt sich und bringt etwas hervor. Ihr Einfluß ist groß, Ihre Lage gut, ganz gleich, ob Sie den inneren oder äußeren Weg gewählt haben. Sie sind auf der Höhe Ihrer Aufgabe und personifizieren die schöpferische Yang-Kraft.

6 ——— X *Der Drache bereut.*

Die äußerste Ebene war mit der fünften Linie erreicht (s. o.); Sie laufen Gefahr, sie zu übertreten und das nachher zu bereuen. Ihre Kraft hat Grenzen. Überschreiten Sie sie nicht; Sie müssen dagegen wissen, daß jede Situation den Gesetzen von Yin und Yang gehorchen muß. Was beendet ist, muß sich verändern; wenn Sie das nicht bemerken, kann der Sturz brutal werden.

2. K'OUEN

Die Erde

oben die Erde
unten die Erde

INTERPRETATION

Symbol: K'ouen stellt das ursprüngliche passive Prinzip dar. Es darf nicht als das Gegenteil von K'ien, dem Himmel, angesehen werden, sondern als unverzichtbare Ergänzung. Das ist der chinesische Dualismus des Yin und Yang. Die Erde ist genauso wichtig wie der Himmel; und wenn sie den Keim nicht hervorbringt, so empfängt, trägt, stärkt und verbreitet sie ihn doch. Es ist also die empfangende, ernährende Kraft – als Bereich hat sie die Wirklichkeit der materiellen und räumlichen Welt.

Allgemeine Bedeutung: K'ouen ist der Weg des Yin, des Erfolgs durch Sanftheit, durch Aufnahmebereitschaft. Seine Eigenschaft ist es, alles zu unterstützen und alles aufrechtzuerhalten. K'ouen läßt an die Vervollkommnung durch die »Hingabe des Selbst« und durch die Passivität denken. Aber Achtung, Passivität ist nicht Untätigkeit, ganz im Gegenteil. Wie der Weise, der durch Nicht-Tun handelt, so entwickelt und bringt K'ouen das voran, was es vom Himmel erhält. Der Himmel brachte die Tat hervor und beherrschte sie, die Erde ist die Tat selbst.

Dieses Hexagramm bedeutet also, wenn Sie sich führen lassen konnten durch diese Natur in Ihnen, dann erreichen Sie wahren Reichtum, denn die Erde läßt alles erblühen, was sich in ihr bewegt. Die Yin-Kraft ist immer wohltätig und erlaubt es, die Pläne gut durchzuführen, unter der Bedingung, daß man sich im Einklang mit der Situation zu verhalten weiß. Hierbei dürfen Sie nicht die Dinge provozieren und die Menschen nicht bevormunden, sondern Sie müssen sich mit ihnen vereinen und Harmonie mit ihnen finden. Spielen Sie Ihre Rolle und nicht eine andere, sammeln Sie Ihre Kräfte und Sie erhalten glückliche Ergebnisse.

DIE LINIEN

1 — — X *Der Weg über das Glatteis.*
Gehen Sie vorsichtig vor.

Sie werden sich der ersten Zeichen dafür bewußt, daß Ihre Lage im Absteigen ist. Eine gewisse Unbeweglichkeit ist zu befürchten. Indem Sie wachsam bleiben und den Dingen ins Auge sehen, können Sie sich dennoch auf die Ereignisse vorbereiten und ihre spätere Entwicklung betrachten.

2 — — X *Das Quadrat.*
Der Erdenweg bringt große Dinge hervor.

Das Symbol der Erde ist das Quadrat, Zeichen dieser Linie. Das bedeutet, daß Sie sich nicht besonders anstrengen müssen, der Erfolg kommt von allein. Die Natur liefert Ihnen das Gute. Sie folgen dieser Bewegung, indem Sie das Gleichgewicht zwischen Ihren Yin- und Yang-Kräften erhalten. Das ist auch der Weg, dem der Mann des Tao folgt.

3 — — X *Die Yin-Kraft besitzt die Schönheit,*
versteckt sie jedoch.

Anders gesagt, der Weise schweigt und erregt keine Aufmerksamkeit. Er tritt erst im richtigen Augenblick auf; und das macht er nur durch seine Begabungen und sein Handeln, nicht durch sein Reden. Indem Sie vermeiden, Ihre Verdienste hervorzukehren, und indem Sie sich nur mit dem Ziel beschäftigen, das Sie sich gesetzt haben, gewinnt Ihr Handeln an Wirksamkeit.

4 — — X *Der Sack ist zugebunden –*
bleiben Sie zurückhaltend.

Wie ein verschlossener Sack, dessen Inhalt man nicht kennt, müssen Sie in der Welt »vorangehen«, indem Sie Ihr Wissen verbergen und nichts zeigen. Sie bekommen keinerlei Lob und keinen Tadel, das ist im Augenblick das sicherste Mittel des Vorgehens.

5 — — X *Ehre, Glück – dank Ihrer Zurückhaltung.*

Der wörtliche Text zu dieser Linie heißt »gelbes Untergewand«, ein Bild der Erde, die symbolisch die Farbe Gelb trägt und unter dem Himmel ist. Eine sehr günstige Voraussage, die anzeigt, daß Ihr

Erfolg auf der Zurückhaltung beruht, Ihr Glück und Ihre Entfaltung echt sind. Diese Linie zeigt alle Formen des Erfolgs, aber wenn Ihre Angelegenheit nicht mit dem »Weg« übereinstimmt und nicht von einem gewissen Adel ist, kann sie nicht an ihr Ziel gelangen.

6 — — X *Drachen kämpfen im Raum.*
Ihr Blut ist schwarz und gelb.

Auf der oberen Linie kommen Yin und Yang zusammen, und sie geraten in Konflikt. Das Blut ist vergossen; schwarz für den Drachen des Himmels, gelb für den der Erde. In Wirklichkeit findet der Kampf in Ihnen statt: durch ein Bedürfnis, etwas zu schaffen und zu beherrschen, sind Sie zur Yang-Kraft erwacht, Ihre Ruhe ist gestört. Leider handelt es sich um einen nutzlosen und zerstörerischen Kampf ohne große Hoffnung auf Verbesserung, denn der Weg ist vollendet.

Sechs bewegliche Yin-Linien verändern K'ouen in seine Ergänzung K'ien, Himmel. Das ist der Rhythmus des universellen Fließens und der ewigen Stabilität. Für Sie ist weder Fortschritt noch Rückschritt erkennbar, aber wenn Sie lange durchhalten, wird Ihre Lage am Ende großartig.

3. TCHOUEN

Die anfängliche Schwierigkeit

oben Wasser
unten der Donner

INTERPRETATION

Symbol: Die Bewegung des unteren Trigramms Donner (himmlische Macht) ist nach oben gerichtet. Die des oberen Trigramms Wasser (irdische Macht) ist nach unten gerichtet. Ihr Zusammentreffen stellt den Anfang, die Geburt der Geschöpfe dar; genauer gesagt, es zeigt die Atmosphäre dieser Geburt, Chaos und Verwirrung, denn sie findet unter dem Zeichen des Donners statt.

Allgemeine Bedeutung: Aus diesem symbolischen Klima stammt der Begriff von der anfänglichen Schwierigkeit. Ihre Situation kommt

Ihnen auf den ersten Blick bedrohlich, düster, schwer und voller Tücken vor. Aber seien Sie sicher, die Bewegung der Himmelskraft, die nach oben gerichtet ist, löst sich nach und nach aus dem Hexagramm. Ihre Lage wird sich erhellen, und ihr Charakter ist insgesamt günstig. Unter der Bedingung: 1. Verlieren Sie nicht den Mut; 2. betrachten Sie die wichtigen Möglichkeiten, die sich Ihnen eröffnen, und zwar als Reichtümer und nicht als Ursachen der Verwirrung; 3. umgeben Sie sich mit Menschen, die im selben Sinne wie Sie arbeiten. Unter diesen drei Bedingungen können Sie an das Ende Ihrer Schwierigkeiten kommen und sehr großen Nutzen ziehen.

DIE LINIEN

1 ——— X *Der Fortschritt ist langsam.*

Ein Hindernis richtet sich auf Ihrem Weg auf. Sie zögern – das ist normal – und betrachten Ihre Lage mit Vorsicht. Das ist der Augenblick zur Konzentration, dazu, Ihre Kräfte zu sammeln und um sich Menschen zu versammeln, die Ihnen helfen, die Herausforderung anzunehmen. Machen Sie nicht um jeden Preis weiter.

2 — — X *Die Schwierigkeiten werden zahlreicher.*
Das junge Mädchen nimmt den Antrag nicht an;
es wartet zehn Jahre, bis es das tut.

Sie sind an einer Wende. Ihre Situation ist festgefahren. Ein unerwartetes Ereignis tritt durch das Erscheinen einer neuen Person ein. Wenn Sie in ihr auch anfangs einen Gegner sehen, so werden Sie in der Folge doch begreifen, daß sie Ihnen zu helfen versucht. Das Angebot ist reizvoll, aber es kommt nicht aus der richtigen Richtung. Wie eine Verlobte, die ihrer ersten Liebe treu bleibt, binden Sie sich nicht. Warten Sie, bis Sie Ihre Lage besser unter Kontrolle haben – mit der Zeit werden die Bedingungen wieder günstig für die Vollendung und den Erfolg Ihrer Angelegenheit.

3 — — X *Der Weise ist sich der Gefahren bewußt*
und zieht es vor, sich von ihnen fernzuhalten.

Wörtlich sagt diese Linie: »Wer den Hirsch ohne Führer jagt, wird sich nur im Wald verirren.« Indem er sich bestimmter ungünstiger

Anzeichen und seiner Unerfahrenheit bewußt wird, verzichtet der weise Mensch lieber, statt das Schicksal herauszufordern, was unausweichlich zur Niederlage führen würde.

4 — — X *Die Einigkeit bringt das Glück.*

Dem Ratsuchenden fehlt »Kraft« (oder Geschicklichkeit), seine Schwierigkeiten allein zu überwinden. Aber er hat auch die Gelegenheit zu nützlichen Kontakten. Er solltc sie ergreifen, denn diese Unterstützung bringt den Erfolg. Sich zu weigern, den ersten Schritt zu tun, wäre unangebrachter Stolz und Blindheit.

5 ——— X *Unverständnis. Gehen Sie Schritt für Schritt vor.*

Die Menschen um Sie herum verstehen Ihre Absichten nicht, die jedoch gut sind. Handeln Sie klug, ohne Gewalt, indem Sie sich verständnisvoller geben als die anderen. Beginnen Sie damit, das allgemeine Vertrauen zu gewinnen. In einer wichtigen Angelegenheit erlauben es nur die Ruhe und die Aufmerksamkeit, die Lage zu erhellen.

6 — — X *Übermaß an Schwierigkeiten. Erneuerung.*

Die »anfänglichen Schwierigkeiten« häufen sich. Ihre Pläne, scheint es, sind nicht zu verwirklichen. Resignieren heißt, sich einer Gefahr aussetzen. Nehmen Sie statt dessen eine positive Haltung ein, die auf die Zukunft ausgerichtet ist, und sehen Sie in den Schwierigkeiten das Zeichen für ein neues Leben.

4. MONG

Die jugendliche Unwissenheit

oben der Berg
unten das Wasser

INTERPRETATION

Symbol: »Am Fuß des Berges entspringt eine Quelle ...« Aus diesem Bild können zwei Gedanken abgeleitet werden. Da ist zunächst das Fehlen der Urteilsfähigkeit, die noch nicht entwickelte Intelligenz, die jugendliche Unwissenheit. Angesichts der Unbeweglichkeit des Berges weiß das Wasser nicht, wohin. Anders gesagt, die Jugend ohne Erfahrung ist angesichts des Hindernisses in Gefahr.

Aber dieses Hexagramm läßt auch an die Ausdehnung denken, indem es anzeigt, daß die Gefahr überwunden wird, denn das Wasser kann nicht aufhören zu fließen und muß unvermeidlich die Vertiefungen ausfüllen, auf die es auf seinem Weg trifft.

Allgemeine Bedeutung: Mong ist also ein Orakel der wachsamen Natur. Sie kommen zum Erfolg, wenn Sie entschlossen sind. Ihre Unwissenheit, die Unsicherheit auf Grund Ihrer Jugend können Sie falsche Schritte tun lassen, aber keine Ihrer Handlungen ist zutiefst schlecht, denn so können Sie Ihren Charakter festigen. Genausowenig kann man streng mit Ihnen sein, denn Sie handeln spontan und naiv. Bei allen Gelegenheiten haben Sie das Glück auf Ihrer Seite; in Unkenntnis der Konventionen kommen Sie über die Hindernisse hinweg und sind immer vorn.

DIE LINIEN

1 — — X *Die Disziplin ist unerläßlich.*

Um die »Tugend« (Te) zu erlangen und die Unwissenheit zu beseitigen, müssen Sie diszipliniert sein. Aber das muß in aller Freiheit und entsprechend Ihrem Charakter geschehen. Eine zu strenge Disziplin könnte ärgerliche Folgen haben. Also, setzen Sie Grenzen ...

2 ——— X *Das Starke und das Schwache müssen sich gegenseitig helfen.*

Trotz Ihres Mangels an Erfahrung besitzen Sie die notwendige geistige Kraft, um Verantwortung zu übernehmen. Zeigen Sie sich jedoch nachsichtig gegenüber der Unwissenheit der anderen und der menschlichen Dummheit. Außerdem – pflegen Sie gute Beziehungen zu Frauen. Das Orakel ist günstig für Sie.

3 — — X *Seien Sie nicht unterwürfig.*

Auf Grund Ihrer Unwissenheit werden Sie von einer Person angezogen, die die Vollkommenheit verkörpert, die Sie suchen. Aber es ist eine relative Vollkommenheit, eine aus dem Augenblick heraus. Wenn Sie sie nachahmen, laufen Sie Gefahr, Ihre eigene Persönlichkeit und Ihre Selbstbeherrschung zu verlieren!

4 — — **X** *Gefesselt durch die Blindheit.*

Es gibt keine Hoffnung auf Unterstützung oder Hilfe, noch gibt es ein Mittel, Ihre Blindheit zu vertreiben. Als Gefangener einer überschäumenden Fantasie entfernen Sie sich von der Wirklichkeit. Sie werden deswegen nur Schuldgefühle haben.

5 — — **X** *Folgen Sie dem Rat des Meisters. Glück.*

Die Unwissenheit ist noch nicht ganz verschwunden, aber wenn Sie der Erfahrung anderer folgen und Abstand von sich selbst gewinnen, ist alles günstig für Sie.

6 ——— **X** *Vermeiden Sie ein Übermaß an Macht.*

Was getan ist, ist getan. Es wurde ein Fehler gemacht, aber es nützt nichts zu versuchen, ihn mit Gewalt wieder gutzumachen. Passen Sie lieber auf, daß er nicht wiederholt wird.

5. SU
Das Warten (die Nahrung)

oben das Wasser
unten der Himmel

INTERPRETATION

Symbol: Wolken ziehen am Himmel auf. Man braucht nur noch zu warten, bis sie sich zusammenziehen und der Regen fällt. Der Regen läßt die Dinge wachsen, er bringt »Nahrung und Getränke«, das ist die erste Bedeutung des Hexagramms. Die zweite Bedeutung ist der Widerstand gegen das Böse. Die Aktivität (der Himmel) strebt nach vorn, fühlt sich aber gelähmt durch eine Gefahr (das Wasser), so daß sie ihre Kräfte sammeln und sich mit Sicherheit stärken muß, bevor sie ihrem Schicksal die Stirn bietet.

Allgemeine Bedeutung: Sie stehen vor einem Problem, einer Bedrohung. Sie sind gezwungen innezuhalten, denn diese Behinderung ist unabhängig von Ihrem Willen und von jedem Handeln, das Sie unternehmen könnten. Aber wenn Sie sich mäßigen und Vertrauen bewahren können, ist es eine günstige Voraussage. Abwarten erlaubt Ihnen in der Tat, die Lage zu studieren und die Wirklichkeit so zu betrachten, wie sie ist. Abwarten vertreibt die Illusionen und schafft Bewußtsein für die wirklichen Kräfte, die in Ihnen stecken. Diese Sicht ist nicht unnütz, denn dank ihrer können Sie in aller Ruhe und mit Entschiedenheit beschließen, wie Sie angemessen handeln, wenn der Augenblick gekommen ist.

DIE LINIEN

1 ——— **X** *Warten in der Einsamkeit.*

Die von der Gefahr am weitesten entfernte Linie. Alles läuft gut, aber Sie spüren, daß etwas heraufzieht. Leben Sie weiter normal, ohne Ihre Energie zu verschwenden. Der Weise kann seine Stunde abwarten ...

2 ——— **X** *Warten auf dem Sand.*

Die Gefahr nähert sich. Um Sie herum beginnt man, sich aufzuregen und sich gegenseitig Fehler vorzuwerfen, für die niemand verantwortlich ist. Machen Sie nicht mit bei so einem Spiel, das ist das beste Mittel, damit fertigzuwerden.

3 ——— **X** *Warten im Schlamm.*

Die letzte Linie des »aktiven« Trigramms. Sie wollen vorankommen, aber Sie haben voreilig gehandelt und haben sich so in die Lage gebracht, der Sie ausweichen wollten. Nehmen Sie sich zusammen und seien Sie sich des angemessenen Augenblicks bewußt.

4 — — **X** *Warten in der Grotte und im Blut.*

Die Lage ist außerordentlich gefährlich, aber das Unglück ist nicht unvermeidlich. Wappnen Sie sich mit Rechtschaffenheit, lassen Sie das Schicksal seinen Lauf nehmen. Unterwerfen Sie sich dem Weg des Tao, dadurch verhindern Sie, daß das Schlimme noch schlimmer wird.

5 ——— **X** *Warten mitten zwischen »Essen und Trinken«.*

Es gibt eine Atempause, die jedoch nicht Ihre Probleme löst. Nutzen Sie sie zur Stärkung von Herz und Geist. Entspannen Sie sich. Nur der, der die innere Kraft und die Lebensfreude besitzt, gelangt an das Ende der Situation.

6 — — X *Das Ende des Wartens.*

Man kann das Unausweichliche nicht mehr zurückweisen. Das Warten hat schon sehr lange gedauert, und das Ergebnis wird bald erreicht sein. Ist es Erleichterung oder Zerstörung? Die richtige Haltung, die Beweglichkeit und das Fehlen von Vorurteilen sollten das entscheiden. Wenn Sie keinerlei Mißtrauen spüren, wenn Sie aufmerksam die Veränderungen akzeptieren, die Ihnen zunächst merkwürdig vorkommen können, dann wird der Ausgang glücklich sein.

6. SOUNG
Der Konflikt

䷅

oben der Himmel
unten das Wasser

INTERPRETATION

Symbol: Der Himmel (oben) richtet sich nach außen und bewegt sich nach vorn, das Wasser (unten) bewegt sich genau im entgegengesetzten Sinn. Dadurch taucht der Gedanke an Konflikt, Streit, Prozesse, Widerstand auf.

Allgemeine Bedeutung: Sie befinden sich in einem Konflikt, denn Sie glauben, im Besitz der Wahrheit zu sein, und dennoch treffen Sie auf heftigen Widerstand, denn Ihre Gegner nehmen dieselbe Geisteshaltung ein. In so einer Situation sind Ihnen die Hände gebunden; das I Ging sagt, daß man »nicht das breite Wasser überqueren soll«, d. h. man soll sich nicht in große Unternehmungen stürzen, denn sie sind zur Niederlage verurteilt. Zwei Mittel bieten sich Ihnen an: besuchen Sie einen großen Meister, finden Sie einen Vermittler, der genügend Autorität besitzt, um die Dinge zu regeln; aber auch Sie Ihrerseits müssen einen Teil des Weges gehen – machen Sie einen Schritt zurück, sehen Sie die Lage objektiver und stellen Sie sich darauf ein, die Sache mit einem Kompromiß zu beenden. Die Kraft besteht darin, aus der Sackgasse herauszukommen. Den Konflikt auf die Spitze zu treiben, selbst wenn Sie guten Glaubens und in vollem Recht sind, wäre eine Energieverschwendung, und Sie laufen Gefahr, das Unglück auf anderen Ebenen heraufzubeschwören.

DIE LINIEN

1 — — X *Beenden Sie die Angelegenheit am Beginn.*

Wenn Sie die Angelegenheit nicht vertiefen - und dazu ist noch Zeit -, bekommen Sie einige Worte zu hören, aber das Endergebnis wird glücklich sein.

2 ——— X *Der Mann ist nicht in der Position der Stärke.*
Kluges Nachgeben ist nicht unehrenhaft.

Sie sind in einer Position der Schwäche. Sich in einen viel zu ungleichen Kampf zu stürzen, zieht nur das Unglück an, und Sie laufen Gefahr, daß tiefe Spuren bei Ihnen zurückbleiben.

3 — — X *Ein gutes Gewissen ist mehr wert als alle Ehren.*

Das, was Sie besitzen - materiell und vor allem intellektuell -, verdanken Sie sich selbst. Das gehört Ihnen für immer und ist Bestandteil Ihrer Persönlichkeit. Sie können es nicht vermeiden, daß man Sie beneidet, Sie nachahmt, eifersüchtig ist, aber riskieren Sie deswegen keinen Konflikt. Aber versuchen Sie auch nicht, auf Verdienste und Ehren zu pochen, selbst wenn sie Ihnen zustehen; Sie erleben nur Enttäuschungen. Fordern Sie nicht mehr als das, was da ist, und alles wird bestens laufen.

4 ——— X *Ungleicher Kampf; ziehen Sie sich zurück.*

Im Gegensatz zu Linie 2 sind Sie dieses Mal in der Siegerposition, aber es fehlt Ihnen an Antrieb, obwohl der Kampf gerecht ist. Sie haben beschlossen, sich zurückzuziehen und den Frieden in der Harmonie zu finden. Diese Haltung bringt Glück und Reinheit.

5 ——— X *Der Vermittler.*

Diese Linie stellt den Vermittler dar, der Rechtschaffenheit besitzt und einen hervorragenden Rang einnimmt. Ihm kann man voller Vertrauen ein Problem ausbreiten. Sie haben alle Aussichten, das Glück zu finden, und Ihr Unglück mildert sich.

6 ——— X *Man muß aufzuhören wissen, um Kämpfe bis*
ins Unendliche zu vermeiden.

Sie sind bis an die äußerste Grenze gegangen, und Sie haben den Sieg in der Sache davongetragen. Aber Ihr Sieg ist von kurzer Dauer, denn Sie sind zu weit gegangen. Und Ihre Gegner lassen es nicht dabei bewenden ...

7. SZE ䷆ oben die Erde

Die Armee unten das Wasser

INTERPRETATION

Symbol: Die Erde bedeckt das Wasser. In Übereinstimmung mit diesem Bild ernährt und erzieht der edle Mann das Volk (wie das Wasser die Produkte der Erde ernährt), und er macht die Menschenmassen zur Armee.

Allgemeine Bedeutung: Die Bedeutung dieses Hexagramms liegt darin, daß eine Armee, eine Menge, eine Gemeinschaft, ein Unternehmen, eine Gesellschaft organisiert werden müssen, damit sie funktionieren. Sie haben eine Rolle in dieser Organisation, Sie müssen sie beleben, obwohl Sie nicht der oberste Chef sind (die einzige Yang-Linie, die zweite Linie, läßt eher an den General in der Armee denken als an den obersten Befehlshaber). Um Ihr Ziel zu erreichen, müssen Sie überzeugen. Sie können sich in der Tat nicht selbstverständlich auf die Menschen stützen, die Sie umgeben, und es fällt Ihnen zu, daß sie sich der Lage bewußt werden, damit sie zur Tat schreiten. Wenn Sie sich durch Ihre Erfahrung und Ihr Können Respekt verschaffen können, gibt es keine Schwierigkeiten, denn die Voraussage ist insgesamt günstig.

Auf der inneren Ebene zeigt es an, daß Sie sich mit den anderen austauschen müssen, um ihnen Ihr Wissen zu vermitteln und sich gleichzeitig durch den Kontakt mit ihnen zu bereichern. In diesem Hexagramm ist die Aktion die Meisterin des Spiels, aber sie braucht Verbündete und Zusammenhalt, um ihr Ziel zu erreichen.

DIE LINIEN

1 ▬ ▬ X *Die Armee setzt sich in Bewegung.*

Wenn Sie etwas unternehmen, werden Sie Erfolg haben, wenn alles von Anfang an gut organisiert war und wenn Sie entsprechend der

Gerechtigkeit (Yi) handeln. Wenn nicht, verschwenden Sie Ihre Kräfte.

2 ——— X *Mitten in der Armee – der Anführer.*

Sie müssen im Zentrum des Handelns sein. So bekommen Sie gleichzeitig den Respekt Ihrer Truppen und die Anerkennung Ihrer Vorgesetzten. Ihre Verdienste werden von allen anerkannt und geteilt. Ein Zeichen von Glück und der Gunst des Himmels.

3 — — X *Wenn eine Armee mehrere Anführer hat, ist das eine unheilvolle Sache.*

Eine andere Person versucht, gleichzeitig mit Ihnen zu herrschen; Unordnung und Mißerfolg.

4 — — X *Die Armee tritt den Rückzug an.*

Schätzen Sie die Lage und die gegenwärtigen Kräfte ein. Es ist besser, mit einer intakten Armee kämpfend den Rückzug anzutreten, statt sich in eine hoffnungslose Schlacht zu stürzen. Zurückweichen ist hier kein Fehler.

5 — — X *Die Armee muß geführt werden.*

Die Sache kann jetzt geregelt werden. Sie haben die Berechtigung dazu, aber sind Sie sich sicher, daß man Ihnen gehorcht? Haben Sie genug Kräfte, um bis zum Ende zu gehen? Die Erfahrung hat den Vorrang; umgeben Sie sich mit Ratgebern und Disziplin, sonst droht Ihnen die Niederlage.

6 — — X *Der Oberste Befehlshaber belohnt die, die ihm gedient haben.*

Der Krieg (Ihre Angelegenheit) wurde gewonnen. Eine delikate Aufgabe muß noch vollendet werden: die Lage neu ordnen und die belohnen, die Ihnen geholfen haben! Es ist wichtig, gerecht zu sein und sich für die Zukunft mit kompetenten Menschen zu umgeben.

8. PI ䷇ oben das Wasser

Die Vereinigung unten die Erde

INTERPRETATION

Symbol: Das Wasser fließt über die Erde und sammelt sich seit jeher. Dieses Hexagramm stellt so die Annäherung, die Solidarität, die gegenseitige Hilfe und ihre Gesetze dar.

Allgemeine Bedeutung: Der Meister dieses Hexagramms ist die fünfte Linie, die von einer Menge Yin umgeben ist. Das ist auch der normale Weg des Menschen, der seine Existenz der Gemeinschaft verdankt und sich um ein Zentrum versammelt.

Wenn Sie dieses Hexagramm auslegen, bedeutet das im allgemeinen, daß Sie zur Bestätigung Ihrer selbst und Ihrer wahren Natur die anderen brauchen. Die Zeit ist gekommen, um sich an eine Gruppe von Menschen anzuschließen, Verbindungen anzuknüpfen, um zu einem besseren Verständnis Ihrer selbst und Ihrer Probleme zu kommen. Sie wissen außerdem: wenn Sie diese Entscheidung nicht ziemlich schnell treffen, dann wird es immer schwieriger, sie in die Tat umzusetzen. Die Harmonie, die Gemeinsamkeit der Interessen und die Brüderlichkeit können als Motivation dienen.

Es ist im übrigen möglich, daß Sie sich dazu berufen fühlen, die Rolle des Katalysators, des Zentrums zu spielen. Um zu wissen, ob Sie der schweren Verantwortung gewachsen sind, müssen Sie mindestens ein bewegliches Yang auf der fünften Linie haben, und die Veränderung der Linien muß ein ergänzendes Hexagramm in diesem Sinne ergeben.

DIE LINIEN

1 — — X *Suchen Sie aufrichtig die Vereinigung.*

Die Loyalität und die innere Kraft sind die Gefühle, die es Ihnen erlauben, neue Verbindungen aufzubauen. Hüten Sie sich vor allen anderen Betrachtungen.

2 — — **X** *Erwarten Sie den Ruf.*

Es wäre absurd, um jeden Preis neue Bekanntschaften zu suchen. Antworten Sie frei und instinktiv auf die Einladungen der anderen, aber geben Sie sich nicht selbst auf.

3 — — **X** *Wechseln Sie die Gruppe.*

Sie haben Kontakt mit Menschen, deren Prinzipien und Interessen nicht die Ihren sind. Sie aus Gewohnheit weiterhin zu sehen, führt zu nichts und kann für Sie und Ihre Umgebung zu deutlichen Unannehmlichkeiten führen.

4 — — **X** *Sich einem großen Mann nähern.*

Die Vorhersage ist günstig: Sie sind eine Verbindung mit einer Person eingegangen, die der Mittelpunkt einer Gruppe ist. Sie können ihr trauen. Und Sie haben davon nur Gutes, unter der Bedingung, daß Sie entschlossen einen eigenständigen Weg beschreiten.

5 ——— **X** *Die vollkommene Vereinigung.*

Die Menschen wenden sich ganz selbstverständlich der Person zu, die durch diese Linie dargestellt wird, dem Prinzen, dem Mittelpunkt einer Gruppe. Er tut nichts, um anzuziehen oder zurückzuweisen, er empfängt oder läßt gehen. Die Freiheit, die Reinheit und die Kraft der perfekten Vereinigung herrschen hier vor.

6 — — **X** *Zögern, keine Vereinigung.*

Sie sind dabei, den richtigen Augenblick für die Errichtung solider Beziehungen vorbeigehen zu lassen. Wer weiß, ob Sie das nicht bedauern werden!

9. SIA TSCHOU

Die Macht des Schwachen

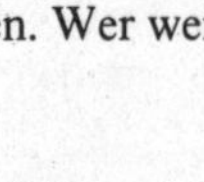

oben der Wind
unten der Himmel

INTERPRETATION

Symbol: Der Wind weht über dem Himmel. Dieses Hexagramm stellt die Macht dessen dar, das schwach ist, dessen, das bremst und

sich zurückhält. Die Unterwürfigkeit beendet die energische Aktivität (des Himmels).

Allgemeine Bedeutung: Die allgemeine Bedeutung liegt darin, daß das, was groß ist, durch das, was klein ist, angehalten wird. Sie werden von den Ereignissen mitgerissen, unfähig, die Situation zu verbessern oder irgendeine Änderung herbeizuführen. Ihre Bemühungen bleiben vergeblich. Es gibt genaugenommen kein Hindernis, aber es ist Ihnen materiell unmöglich, sich durch eine große Tat auszudrücken. Handeln Sie mit Nachgiebigkeit, ohne sich zu wehren, denn das würde nichts nützen. Sie sind im Moment gezwungen, keine besänftigende Macht – der Befriedigung – auszuüben, und Sie können sich nur durch kleine Dinge oder durch Ihr äußeres Erscheinungsbild bestätigen.

DIE LINIEN

1 ——— X *Man muß seiner Natur folgen.*

Unmöglich, Ihre Pläne zu verwirklichen. Die Weisheit fordert, sich von den Ereignissen treiben zu lassen und in sich selbst den natürlichen Weg der Welt zu finden.

2 ——— X *Machen Sie nicht unnötig auf sich aufmerksam.*

Die Straße ist gesperrt. Indem Sie Ihresgleichen und Ihren Freunden folgen, versuchen Sie nicht die Natur und das Schicksal zu zwingen, das ist das beste Mittel, die Kontrolle über sich selbst zu behalten!

3 ——— X *Sie kämpfen gegen das, was Sie anhält.*

Sie zählen auf die Passivität und die Sympathie der anderen, um Ihren Gesichtspunkt aufzuzwingen. Aber die Umstände geben Ihnen unrecht, und Sie treffen auf gerechtfertigten Widerstand. Es ist anders, als es aussieht, die Macht ist nicht auf Ihrer Seite. Niederlage, Streit.

4 — — X *Die Abschreckung.*

Die einzige Yin-Linie des Hexagramms. Durch Ihre Ratschläge, besonders bei einer hochrangigen Person, haben Sie die Macht, eine gefährliche Situation zu beenden und die negativen Kräfte um sie herum einzudämmen.

5 ——— X *Wenn die Loyalität des Schwachen und die Treue des Starken ...*

... sich in Freundschaft verbinden, ist das ein wahrer Reichtum.

6 ——— X *Der Sieg des Schwachen.*

Durch Sanftheit und Unterwürfigkeit haben Sie die unheilvollen Einflüsse begrenzt und eine stabile Situation erreicht, die sich aus kleinen Erfolgen zusammensetzt. Seien Sie mit dem Ergebnis zufrieden. Eine totale Freiheit, einen größeren Erfolg zu suchen, sich sogar der Erfolge zu rühmen, würde nur die Gefahr mit sich bringen, daß Sie alles zerstören, was Sie erreicht haben.

10. LIU
Der Marsch

oben der Himmel
unten der See

INTERPRETATION

Symbol: Der Mensch unterscheidet oben und unten, das ist die richtige Art, sich im Leben und in der Gesellschaft zu verhalten (oder »hindurchzugehen«).

Allgemeine Bedeutung: Dies ist das Hexagramm der Regeln der Anständigkeit und der Konventionen – Liu oder Li, Marsch oder Weg der Rechtschaffenheit – nach der Philosophie des Konfuzius. Ob Sie in einer schwierigen Situation sind oder auch nicht, Ihnen geschieht nichts Böses und nichts bedroht Sie wirklich, wenn Sie die richtige Haltung des Jen-Yi-Chih einnehmen, d. h. wenn Sie der höheren Ordnung der Dinge folgen und fröhlich handeln, wobei Sie Ihr Urteil und Ihre Bedürfnisse in Übereinstimmung bringen.

Das gilt auch für die anderen. Sie wissen, daß es Unterschiede in der Entwicklung der Geschöpfe gibt; wenn Sie sich immer an die guten Sitten halten und angesichts der Menschen die wirkliche und innere Hierarchie respektieren, die eher auf ihren Verdiensten als auf einer sozialen Rangordnung beruht, verläuft alles in Frieden, und Sie werden erfolgreich sein.

1 ——— X *Gehen Sie einfach.*

Sie haben die Möglichkeit aufzusteigen, voranzukommen. Vermeiden Sie den Hochmut, die Leidenschaft und die Begierde. Handeln Sie mit Einfachheit, und alles wird gut verlaufen.

2 ——— X *Der Weise läßt sich nicht blenden.*

In Harmonie mit sich selbst, nichts wünschend und nicht erwartend, hält sich der Weise von aller Aufregung fern; der Weg ist also leicht, klar, kräftig und von Größe bestimmt.

3 — — X *Ein Lahmer kann nicht weit gehen.*

Sie gehen voran, aber Sie weigern sich, die Grenzen Ihrer Fähigkeiten oder die Verantwortlichkeiten für die gegenwärtige Situation anzuerkennen. Wenn Sie auf dieser Haltung beharren, laufen Sie direkt in die Katastrophe.

4 ——— X *Der Mensch tritt auf den Schwanz des Tigers.*

Sie stürzen sich auf ein Unternehmen, das über Ihre Fähigkeiten hinauszugehen scheint. Aber anders als bei der voraufgehenden Linie verbinden Sie die Klugheit Ihres äußeren Handelns mit einer inneren Kraft. So besiegen Sie die Gefahr, und der Ausgang wird glücklich sein.

5 ——— X *Entschlossener Marsch.*

Diese Linie ist Meisterin des Hexagramms. Handeln Sie. Gehen Sie energisch an die Situation heran, wobei Sie sich der Gefahr bewußt bleiben müssen, der Sie sich aussetzen. Erfolg.

6 ——— X *Die Tat wird nur durch ihr Ergebnis groß.*

Am Ziel Ihres Unternehmens angekommen, prüfen Sie den Weg, den Sie gegangen sind, und die Folgen Ihres Tuns, denn noch ist nichts beendet. Wenn das Ergebnis mit dem übereinstimmt, was Sie erhofft hatten: Erfolg.

11. T'AI ☷☰ oben die Erde

Der Frieden unten der Himmel

INTERPRETATION

Symbol: Die Erde steigt herab, der Himmel steigt auf. Ihre Kräfte treffen zusammen, vereinen sich und sind in Harmonie. Ihre Absichten und Ziele sind gleich: daraus entsteht eine glückliche Entwicklung der Dinge.

Allgemeine Bedeutung: In der Natur ist es die Zeit der allgemeinen Entwicklung, des Überflusses. Die Geschöpfe gedeihen. Die Geschäfte gehen gut.

Im gesellschaftlichen Leben: Glück, Freiheit, Brüderlichkeit. Es ist die Zeit der Eintracht.

In Ihrem Leben ist es eine Zeit des Friedens und des Lichts. Die harmonische Einheit von Himmel und Erde dringt in den Menschen ein. Sie sind begünstigt. Sie können sich ganz auf das laufende Werk konzentrieren. Außerdem ist Ihre Fähigkeit, »hier und jetzt« zu leben, außergewöhnlich, sie führt zur vollen Selbstbeherrschung.

Sie müssen sich also auf keinem Gebiet Sorgen machen, aber passen Sie dennoch auf, daß Sie möglichen Übertreibungen vorbeugen.

DIE LINIEN

1 ——— **X** *Vervollständigen Sie Ihr Werk.*

Sie ziehen die anderen an. Alles ist günstig für Sie. Es ist der Augenblick, eine große Tat zu unternehmen und sich zu beweisen.

2 ——— **X** *Die Toleranz und die Energie sind nicht widersprüchlich.*

In Blütezeiten ist es genauso wichtig, sich gegenüber den unvollkommenen Leuten tolerant zu zeigen, wie es zu wagen, energische Entscheidungen zu treffen, um gegen die Routine zu kämpfen und nicht bei dem bequemen Zustand der Dinge einzuschlafen. So wird das ein großer Weg.

3 ——— **X** *Genießen Sie das Glück, das Sie noch besitzen.*

Alles Äußerliche ist relativ: nach dem Reichtum kommt der Abstieg. Nur der innere Reichtum ist dem Schicksal überlegen. Akzeptieren Sie die Veränderungen ruhig, genießen Sie den gegenwärtigen Augenblick.

4 — — **X** *Das Große wird klein, das Kleine wird groß.*

Zwischen Ihnen und den anderen entwickeln sich spontan Kontakte. Sie gehen über alle Vorurteile hinaus.

5 — — **X** *Segnung und höchstes Glück.*

Die Voraussage ist ganz und gar glücklich. Sie können viele Konflikte lösen, denn Sie besitzen gleichzeitig die Sanftheit und die Gerechtigkeit, die Erleuchtung und die Bescheidenheit.

6 — — **X** *Widersetzen Sie sich nicht der Veränderung.*

Die angekündigte Veränderung (s. Linie 3) ist im Gange. Versuchen Sie nicht, sich zu widersetzen. Finden Sie den Frieden und die Freude in sich selbst.

12. P'I

Die Unbeweglichkeit, die Stagnation

oben der Himmel
unten die Erde

INTERPRETATION

Symbol: In diesem Hexagramm (dem voraufgegangenen entgegengesetzt) steigt der Himmel und zieht sich zurück, die Erde sinkt herab. Ihre Kräfte sind völlig getrennt, haben keine Beziehung mehr. Alles wird unbeweglich, es ist der Niedergang, der dem Höhepunkt folgt.

Allgemeine Bedeutung: Sie befinden sich in einer konfusen Welt ohne jede Ausdrucksmöglichkeit, in der die Härte, der Wettbewerb, der Besitzanspruch und der Egoismus herrschen. Jede positive Aktivität wird von ihrem Ziel abgelenkt, und in jedem Moment laufen

Sie Gefahr, in eine zweifelhafte Angelegenheit hineingezogen zu werden ... Aus Versehen, denn Sie hüten sich nicht genug vor den verführerischen Vorschlägen, die Ihnen gemacht werden.

Das I Ging empfiehlt also, seine Verdienste zu verbergen und sich in den Schatten zurückzuziehen: »So zieht der Mensch sich auf seine inneren Werte zurück, um Schwierigkeiten zu vermeiden. Das Große geht, das Kleine kommt.« Selbst wenn Ihre Prinzipien richtig sind, versuchen Sie nicht, ihnen zur Geltung zu verhelfen, denn die Ebene, auf der sie gelten, ist klein, vulgär und trügerisch. Bleiben Sie unter allen Umständen wachsam, und machen Sie den notwendigen Schritt zurück.

DIE LINIEN

1 — — **X** *Rückzug sichert die Freiheit.*

Es gibt keinerlei Möglichkeit des Handelns. Ziehen Sie sich rechtzeitig zurück, um Ihre Prinzipien zu wahren.

2 — — **X** *Die Stagnation dient dem großen Menschen.*

Die Umstände bevorzugen immer den gewöhnlichen Menschen. Selbst wenn Sie sich herausgefordert fühlen, bleiben Sie an Ihrem Platz; indem Sie die Folgen der Stagnation ruhig akzeptieren, bewahren Sie Ihre Freiheit und können sich dafür in der Zukunft beglückwünschen.

3 — — **X** *Er schämt sich.*

Die Lage um Sie herum ist immer noch verworren und negativ. Aber die betreffenden Personen sind an ihre Grenzen gestoßen und beginnen sich dafür zu schämen. Auf bestimmte Weise, das ist besser so.

4 ——— **X** *Sich vorbereiten, die Ordnung wieder herzustellen.*

Man nähert sich einer Neuordnung der Situation. Wenn Sie die Fähigkeit spüren, für die Veränderung zu handeln, sind die Bedingungen für Sie günstig. Sie haben außerdem die Unterstützung Ihrer Freunde.

5 —— ✗ *Die Stagnation geht dem Ende zu.*
Aber Vorsicht . . .

Es ist möglich, der Verwirrung ein Ende zu setzen. Aber Vorsicht vor einer Rückkehr des Unglücks! Konfuzius sagt: »Die Gefahr wird dort geboren, wo man sich an seinem Platz sicher fühlt. Der Abstieg droht dort, wo man zu sehr versucht, die Situation zu bewahren.« Vergessen Sie nichts von dem, was geschehen ist, denn der Erfolg muß sich noch festigen.

6 —— ✗ *Der Abstieg macht dem Reichtum Platz.*

Erfolg, Glück nach der Verwirrung. Um diese neue Lage zu festigen, beweisen Sie schöpferische Kraft.

13. T'ONG JEN

Die Gemeinschaft der Menschen
Die Umstellung

oben der Himmel
unten das Feuer

INTERPRETATION

Symbol: Es ist die Natur des Feuers, in die Luft zu steigen. Oben und unten sind daher in Übereinstimmung, ihre Bewegung geht in dieselbe Richtung; sie erinnern so an die brüderliche Gemeinschaft der Menschen.

Allgemeine Bedeutung: Es ist die Gemeinschaft, die Gruppe, die Vereinigung der Geschöpfe, die ihre Kräfte angesichts der Widrigkeiten vereinen.

Sie fühlen sich berufen, an einem gesellschaftlichen Leben teilzuhaben, eine Rolle innerhalb einer Gemeinschaft zu spielen. Sie haben Vertrauen in ihre Institutionen, glauben an den sozialen und menschlichen Fortschritt – vielleicht an die universelle Harmonie –, und jede Ihrer Handlungen wird von diesem Gedanken bestimmt. Sie sind sich jedenfalls bewußt, daß so eine Gemeinschaft die Öffnung braucht, daß sie auf Uneigennützigkeit begründet und von einem erleuchteten Führer geleitet sein muß. Sie muß der Ausdruck der »Vielfalt« (ihrer Mitglieder) sein, wo alle in demselben Sinn arbeiten, und nicht der Ausdruck eines unfehlbaren Dogmas.

DIE LINIEN

1 ——— X *Die Gemeinschaft findet bei Tageslicht statt.*

Ein gemeinsames Ziel drängt Sie, sich einer Gruppe anzuschließen. Das ist kein Fehler.

2 — — X *Er verbindet sich mit den Mitgliedern seiner Familie.*

Eine der Gefahren, die jede Gemeinschaft bedroht, ist die, sich nach außen hin abzukapseln: es ist der Geist der Familie, der Kaste, der Clique. Vorsicht!

3 ——— X *Er versteckt seine Waffen im Dickicht.*

Eine weitere Gefahr (siehe voraufgehende Linie), dieses Mal eine innere, kommt aus den Hintergedanken und dem Mißtrauen, die in jedem entstehen können: die Versuchung, Komplotte einzugehen, und die folgenden Verdächtigungen. Auch Sie selbst sind nicht vor einer solchen Haltung geschützt, vor allem wenn Sie an einer Gemeinschaft hängen und Sie nicht vollkommen integriert sind.

4 ——— X *Die Versöhnung nach dem Zögern.*

Die Gefühle des Mißtrauens gegenüber der Gemeinschaft fallen eins nach dem anderen weg. Der Verstand vereint sich wieder mit dem Herzen. Sie sind bereit, Ihren Platz einzunehmen.

5 ——— X *Die Gemeinschaft läßt den Tränen die Freude folgen.*

Die Zwänge und Ihre Verantwortlichkeiten in der Gemeinschaft stellen Sie vor ernsthafte Probleme. Sie triumphieren am Ende.

Eine andere Bedeutung: Zwei durch eine tiefe Freundschaft verbundene Personen werden vom Leben getrennt. Aber sie bleiben treu, und indem sie sich tapfer jede auf ihre Weise schlagen, kommen sie schließlich wieder zusammen.

6 ——— X *Die Gemeinschaft in der Wüste.*

Sie sind den anderen durch einen Wettbewerb der Umstände verbunden, aber Sie sind in einer Randposition, außerhalb der »großen

Gemeinschaft«. Das ist keine gute Situation, aber Sie brauchen sich keine Vorwürfe zu machen.

14. TA YEOU

Der Reichtum

oben das Feuer
unten der Himmel

INTERPRETATION

Symbol: Das Feuer brennt weit entfernt am Himmel, es ist ganz offensichtlich das Bild der Sonne. Es ist für alle sichtbar, und es gibt nichts und niemand auf der Erde, der nicht von ihm erhellt würde.

Allgemeine Bedeutung: Die beiden Trigramme zeigen an, daß die Klarheit äußerlich ist, die Kraft innen. Außerdem nimmt die einzige Yin-Linie den beherrschenden Platz (fünfte Linie) ein und ist mit allen anderen in Harmonie. Derjenige, der sie einnimmt, ist sanft, ohne Begierde, und er regt durch seine Güte und seine Bescheidenheit die an, die ihn umgeben.

Ta Yeou ist so das Hexagramm der Größe (der inneren Kraft) und des Reichtums (der äußerlichen Güter). Die Zeiten sind günstig für Sie. Sie genießen eine Beherrschung der Dinge und eine Freiheit des Handelns; obwohl Sie nichts dafür tun, kommen die Menschen und die Ehrungen auf Sie zu: Anerkennung, Freundschaft, Reichtum.

Ihr materieller Erfolg erlaubt es Ihnen, das Böse zu bekämpfen und das Gute zu fördern. Aber all das passiert in der irdischen Welt, und – vielleicht unbewußt – Sie haben den heimlichen Wunsch, sich auf anderen Ebenen zu verwirklichen (beachten Sie die Richtung, die sich im ergänzenden Hexagramm abzeichnet). Dann wäre Ihr Glück auf dem Höhepunkt.

DIE LINIEN

1 ——— **X** *Bleiben Sie sich schlechter Einflüsse bewußt.*

Das Glück ist Ihnen hold – bis jetzt noch; Sie haben Ihre Prinzipien bewahrt, aber früher oder später sehen Sie sich Schwierigkeiten gegenübergestellt. Achtung vor Bloßstellungen, geben Sie nicht nach.

2 ——— X *Nichts ist je erreicht.*

Die Güter, die Sie besitzen, dürfen Sie nicht daran hindern, nach vorn zu gehen, etwas zu unternehmen, sich zu erneuern. Binden Sie sich nicht die Hände, delegieren Sie Ihre Macht, wenn es nötig ist. Die Handlungsfreiheit ist Ihr kostbarstes Gut.

3 ——— X *Reichtum ist kein Privateigentum.*

Alles für sich zu behalten, wird bald zur Last. Den Reichtum aufzugeben, ihn mit der Gemeinschaft zu teilen, ist die Tat der Großen.

4 ——— X *Vergleichen Sie sich nicht mit anderen.*

Leben Sie, als besäßen Sie nichts. Sich wie die Reichen und die Mächtigen zu verhalten, führt unvermeidlich dazu, Fehler zu begehen (s. Linien 2 und 3).

5 — — X *Zeit großer Macht und großen Reichtums.*

Eine sehr günstige Situation dank Ihrer Uneigennützigkeit und Ihrer Ernsthaftigkeit. Sie versöhnen die Menschen. Aber bestimmte Leute mögen Ihre Leichtigkeit für Frechheit halten, vergessen Sie nie, mit Festigkeit und Würde zu handeln.

6 ——— X *Sie erhalten Hilfe vom Himmel.*

Ihr geheimer Wunsch wird vielleicht gerade erfüllt. Nach dem Beispiel eines Meisters finden Sie Zugang zur geistigen Welt. Sehr großes Glück.

15. K'IEN ䷎ oben die Erde

Die Bescheidenheit unten der Berg

INTERPRETATION

Symbol: Der Berg versteckt sich in der Erde, es ist das Bild der Demut, der Unterwürfigkeit (die Erde) unter etwas Großes (der Berg ist der Vertreter des Himmels auf der Erde), es ist das Bild der Bescheidenheit.

Allgemeine Bedeutung: Die Bescheidenheit, um die es hier geht, gehört zum edlen Handeln, das sich verborgen verstärkt im Kontakt mit der Erde und auf den Menschen wohltuende Wirkungen hat. Sie schafft den Erfolg, denn sie ist in Übereinstimmung mit dem Weg des Weisen, sagen die Kommentare. Wenn der demütige Mensch mit Bescheidenheit handelt, wird er in einen höheren Rang erhoben; wenn es sich um einen Menschen handelt, der schon einen höheren Rang einnimmt, ist es ihm erlaubt, sein Werk zum Guten zu führen.

Dieses Koua ist fast immer eine günstige Voraussage. Es hat keine große wahrsagerische Bedeutung, es dient vielmehr als Ankündigung und hört nicht auf, uns zu warnen, daß das Tun ohne Bescheidenheit früher oder später zur Niederlage verurteilt ist (die Gründe dafür sind leicht zu verstehen. Wir legen sie nicht dar, um eine Wiederholung zu vermeiden, aber wir verweisen Sie auf die Bedeutung der Linien und empfehlen, ihre Deutungen ganz zu lesen).

DIE LINIEN

1 —— —— **X** *Handeln Sie schnell und einfach.*

Sie haben einen großen Plan zu vollenden. Handeln Sie schnell, ohne Anspruch, ohne Forderungen. Sprechen Sie nicht davon, sehen Sie die Lage nicht wie eine Abstraktion. Sie bleiben so immer in Aktion und bewahren Ihre feste innere Kraft. Indem Sie sich ganz dem widmen, was Sie unternehmen, werden Sie bei der Verwirklichung auf immer weniger Widerstand stoßen.

2 —— —— **X** *Die Tugend der Bescheidenheit zeigt sich auch bis in Ihr inneres Verhalten.*

Sie zieht bald das Vertrauen an. Möglichkeit, mit wichtigen Verantwortungen beladen zu werden.

3 ———— **X** *Die anerkannte Bescheidenheit.*

Sie haben gerade einen großen Erfolg errungen. Wenn Sie Ihre Haltung nicht ändern und wenn Sie sich nicht blenden lassen von dem Erfolg, wird er dauerhafte Wirkung haben.

(Diese Linie ist das Zentrum des Hexagramms, es ist vor allem das Zeichen der Bescheidenheit, die das edle Tun des Weisen begleitet.)

4 — — X *Übertriebene Bescheidenheit.*

Sie gehen zu weit in Ihrer Bescheidenheit. Wollen Sie Ihren Verantwortlichkeiten entfliehen? Vergessen Sie nicht, daß andere auf Sie zählen.

5 — — X *Demut ist nicht Schwäche.*

Die Lage, in der Sie sich befinden, erfordert jetzt Energie. Verwechseln Sie nicht Demut mit Schwäche, und ergreifen Sie die notwendigen Maßnahmen.

6 — — X *Die wahre Bescheidenheit beginnt bei sich selbst.*

Die Lage um Sie herum hat sich verschlechtert, vielleicht gerade wegen Ihrer Rückzugshaltung. Ihre Aufgabe ist es, die Ordnung wiederherzustellen. Seien Sie entschlossen, aber gerecht, indem Sie damit beginnen, das zu sehen, was bei Ihnen nicht in Ordnung ist.

16. YU
Die Begeisterung

oben der Donner
unten die Erde

INTERPRETATION

Symbol: Das obere Trigramm Tchen, der Donner, hat als Eigenschaft die Bewegung. Der Donner bricht aus und kommt aus der Erde. Er vermittelt so eine zuerst verborgene positive Bewegung, die ihre Kraft aus der Ergebenheit (der Erde) schöpft, dann aufsteigt und sich ruhig unter den Menschen verteilt.

Allgemeine Bedeutung: Man kann dieses Hexagramm sehen wie den glücklichen Schwung der Kraft, die, wenn man sie mit anderen teilt, Begeisterung wird. Es gibt Erfolg, weil es Übereinstimmung gibt, indem man die Bewegung frei und ohne Widerstand ausführt. Es endet (vierte Yang-Linie zwischen all den Yin-Linien) in einem Klima von Zufriedenheit und gegenseitiger Zuneigung.

In den Kommentaren liest man, daß der Donner die Musik der

Erde ist. Diese Musik vertreibt die Spannungen und erhebt das Herz des Menschen; wie die Begeisterung vereint sie mit derselben Leidenschaft die, die sie spielen, und die, die ihr zuhören. Im gegenwärtigen Fall ist sie es, die Sie belebt. Durch sie schaffen Sie die Begeisterung um sich herum, Sie inspirieren Ihre Nächsten, oder umgekehrt, Sie haben teil an der Begeisterung einer Gruppe oder einer Person, die Sie beherrscht. Wie auch immer, es ist eine günstige Voraussage, wenn Sie sich beherrschen können und wenn Sie ein richtiges Gleichgewicht zwischen dem Schwung Ihres Herzens und Ihres Verstandes finden.

DIE LINIEN

1 — — **X** *Die vorbehaltlose Begeisterung.*

Die Umstände bringen Sie in Beziehung zu wichtigen Menschen. Sie glorifizieren sich dabei heftig und ohne Grund, ohne Ihre Zufriedenheit zu bewahren. Unglück, wenn Sie so weitermachen.

2 — — **X** *Fest wie ein Fels.*

Während sich andere von der Begeisterung verblenden lassen, beobachten Sie die Dinge in Ruhe. Diese Aufmerksamkeit erlaubt es Ihnen, den wirklichen Wert der gegenwärtigen Lage und die Hinweise auf die zukünftige Entwicklung zu erkennen. Indem Sie sich an das Gesetz des Wechselspiels von Yin und Yang anpassen, wissen Sie, daß es einen Wechsel geben wird, und Sie halten sich bereit, darauf zu reagieren.

3 — — **X** *Sie verlieren Ihre Unabhängigkeit.*

Sie warten auf ein Zeichen von einer Person, die über Ihnen steht (Yang der vierten Linie), und Sie verlieren ganz allgemein Ihren Schwung. Dieses Zögern bringt Sie gegenüber den anderen in eine Position des Zurückweichens.

4 ——— **X** *Die Quelle der Begeisterung.*

Sie ziehen die anderen an und erregen Begeisterung. Vertrauen und Ernsthaftigkeit umgeben Sie. Sie schaffen Einheit und Bewegung. Erfolg.

5 — — X *Die Schwäche nimmt einen hohen Rang ein.*

Die Situation erlaubt es Ihnen nicht, an der allgemeinen Begeisterung teilzuhaben. Das ist nicht ganz und gar negativ, denn es läßt Ihnen die Muße, sich auf Ihr Problem zu konzentrieren.

6 — — X *Der Schwung ohne Grenzen.*

Sie sind berauscht von den Ereignissen und den Erfahrungen, die Sie erlebt haben. Auf lange Sicht ist diese Haltung unheilvoll, aber nicht unveränderlich. Wenn Sie Ordnung hineinbringen, können Sie daraus wohltuende Lehren ziehen.

17. SOUEI
Gefolge

oben der See
unten der Donner

INTERPRETATION

Symbol: Der See symbolisiert die Freude, die Zufriedenheit, der Donner die Bewegung. Durch ihre Position ergibt es sich, daß der Donner in den See eintaucht, die Bewegung breitet sich aus, wird aber von dem schlafenden Wasser gehalten. Das geschieht in der Freude ohne Schmerz. Daher kommt der Gedanke an eine Sache, die sich »im Gefolge« vollendet.

Allgemeine Bedeutung: Der Spruch des Souei hat gleichzeitig einen positiven und einen negativen Charakter. Es ist eine Voraussage, die je nach dem Fall das eine oder das andere sein kann. Unter negativem Aspekt hat Souei die Bedeutung von Unterwerfung, von Angepaßtheit und Nachgiebigkeit. In Ihrer gegenwärtigen Situation müssen Sie den anderen folgen, Sie sind abhängig von ihrem Handeln und ihrem guten Willen. Sie leiden darunter, ohne im Augenblick darauf reagieren zu können, denn Sie haben keine Wahl. Aber wenn der Zustand andauert, laufen Sie Gefahr, Fehler zu machen.

Der große Unterschied zwischen diesem und dem positiven Aspekt liegt darin, daß Sie nicht freiwillig zu der Gruppe von Leuten gehören, die Sie umgeben; es gibt keine Harmonie; das zu ändern müssen Sie sich in erster Linie anstrengen.

Unter dem positiven Aspekt hat Souei den Sinn von Akzeptanz

und Anpassung, aber in einem sehr weiten Sinn: Akzeptanz der universellen Ordnung der Welt, Anpassung an den natürlichen Rhythmus der Welt. Das geht von einer Art des Seins und des Handelns in Übereinstimmung mit dem Tao aus; die Voraussage des I Ging sagt: sublimer Erfolg. Akzeptieren, anpassen, sich fernhalten von Aktivitäten gegen die Natur, das ist zusammengefaßt der Geist von Wu Wei. Sie haben begriffen, daß es nichts nützt, die Natur zu zwingen, und Sie suchen die Harmonie - in Ihnen selbst, in den anderen, mit der Welt. Sie passen sich den Forderungen der Zeit an, Sie folgen dem Augenblick, ergreifen Sie die Gelegenheit!

Das I Ging sagt: »Wenn das Dunkle (der Tod, das Gewitter) heraufzieht, geht der Weise still nach Hause und ruht.« Mit anderen Worten, der Weise paßt sich den Dingen an, wie sie sich ihm darbieten. Wenn es Zeit zum Handeln ist, handelt er. Wenn es Zeit zum Schlafen ist, ruht er. Die Aktion des »Gefolges«, in dem Sinne verstanden, ist nach den Taoisten die erhabenste Aktion. Sie wissen, daß Sie nichts erreichen kann, daß Sie im Grunde nichts bedrohen kann, also lassen Sie sich durch die Ereignisse lenken. Aber das ist auch die wirkungsvollste Aktion, denn sie ist die dauerhafteste, die freiste, weil ohne Begierden und ohne Widerstände, und die schöpferischste, weil natürlich und ohne Anstrengung. Kein Bedürfnis ist damit verbunden, kein Hintergedanke, keine Furcht ruft sie hervor. Wie Lao-tse sagt:

»Der Weise herrscht durch das Nicht-Handeln, unterrichtet durch das Nicht-Sagen ... er vollendet sein Werk, ohne sich an es zu binden. Und weil er sich nicht bindet, erhält er sich.«

DIE LINIEN

1 ——— X *Einem neuen Weg folgen.*

Sie befinden sich in einer außergewöhnlichen Lage, in der es Ihnen unmöglich ist, ihrem eigenen Weg zu folgen. Fürchten Sie nicht, aus Ihrem Kreis herauszutreten, neue Menschen kennenzulernen. Seien Sie immer aufnahmebereit, geben Sie Ihre Vorurteile auf. Dann werden die Bedingungen für Sie günstig sein.

SOUEI

Der Geist des Wu Wei

Ohne zu sprechen, ohne zu handeln, vollbringt der Weise große Dinge. Weil er nicht das Unmögliche sucht und vor allem darauf sieht, sich mit dem natürlichen Ablauf des Lebens in Übereinstimmung zu bringen, erfüllt er sein Schicksal.

»Handeln ohne zu handeln,
Sich beschäftigen ohne sich zu beschäftigen,
Schmecken ohne zu schmecken,
Mit demselben Auge sehen
Das Große, das Kleine, das Viele, das Wenige,
In demselben Fall Vorwürfe und
Dank aussprechen,
So handelt der Weise.

Niemals unternimmt der Weise etwas Großes,
Deshalb tut er große Dinge.
Wer viel verspricht,
Kann sein Wort nicht halten.
Wer sich um viel kümmert,
Hat nirgends Erfolg.
Der Weise vermeidet alle Schwierigkeiten von fern,
So hat er keine Schwierigkeiten.«

Lao-tse, Tao te Ging, Kap. 63

2 — — X *Man muß seine Umgebung auszuwählen wissen.*

Vernachlässigen Sie nicht die ehelichen Neigungen wegen vorübergehender Freundschaften. Sich im Gefolge von »unwürdigen« Menschen zu befinden, heißt die Einheit mit den wertvollen Menschen verlieren. Vorsicht!

3 — — X *Unterscheiden Sie das Wahre vom Falschen.*

Halten Sie sich an Ihre Wahl. Es ist unmöglich, zwei entgegengesetzten Wegen zu folgen und zu hoffen, daß man vorankommen kann.

4 ——— **X** *Ernsthaftigkeit bringt Klarheit.*

Gefährliche Situation. Mißbrauch, geheuchelte Unterwerfung, Nachgiebigkeit umgeben Sie. Es ist gefährlich, das zu lange hinzunehmen, selbst wenn Sie im Moment Vorteil davon haben. Seien Sie selbstbewußt, befreien Sie sich. In der Ernsthaftigkeit erlangen Sie die Klarheit.

5 ——— **X** *Folgen Sie Ihrem Ideal.*

Es ist die Zeit für den sublimen Erfolg. Folgen Sie Ihrem Weg, zwingen Sie die Natur nicht. Das Gute bringt Ihnen das Glück.

6 — — **X** *Das Bedürfnis schafft Bindungen.*

Selbst der Mann braucht die anderen sehr, denn wenn sein Handeln die Menschen anzieht, wird es auch bestimmt durch die Hoffnungen derer, die ihm folgen. Fragen Sie sich in aller Öffentlichkeit: Wer drängt wen?

18. KOU
Das Zerstörte reparieren

oben der Berg
unten der Wind

INTERPRETATION

Symbol: Der Wind unter dem Berg. Es ist das Symbol einer Situation, die sich verschlechtert hat, denn sie ist vollkommen statisch geworden. Der Berg hat die Sanftheit des Windes unbeweglich gemacht, der auf der Stelle weht und verdirbt, was er berührt.

Allgemeine Bedeutung: In Wirklichkeit ist das Ziel des Kouas weniger, eine Situation zu beschreiben, wie sie geworden ist mit ihren familiären, sozialen oder beruflichen Schwierigkeiten, sondern es will die Mechanismen des Verderbens, das stattgefunden hat, aufzeigen, es will dazu einladen, über die Mittel nachzudenken, die in Gang gesetzt werden müssen, um zu heilen.

Es ist also keine wirklich negative Voraussage. Es ist eine Warnung. Es ist an Ihnen, die Tatsachen zu prüfen und zu reagieren. Die Gründe sind hier klar formuliert: durch Ihre Trägheit, bei der Sie alles laufen lassen, durch Ihre Bindung an die Vergangenheit,

weil Sie nicht handeln konnten oder wollten, als es nötig war, ist die Lage blockiert. Suchen Sie keinen Verantwortlichen, Sie allein sind es. Aber nichts ist unwiderruflich, Sie kennen die Gründe; was verdorben ist, kann repariert werden.

Natürlich hängt alles von Ihnen ab, von Ihrer Analyse, von der Arbeit, die Sie vollenden werden. Das I Ging macht aufmerksam, indem es sagt, daß man drei Tage nachdenken muß, sich unterrichten, reinigen, dann noch einmal drei Tage nachdenken. Erst die Ursachen sehen, dann reinigen und dann die richtigen Maßnahmen studieren. Ihr Handeln jetzt muß sich natürlich von dem vorigen unterscheiden, es muß energischer, entschlossener sein. Aber für den Erfolg muß es Ihren Prinzipien und Ihren Werten entsprechen, die vielleicht auch überprüft werden müssen. So kann dieses Handeln Ihr Leben völlig verändern; mehr als eine kleine Verbesserung, kann es wie eine neue Chance, wie ein Neubeginn wirken.

DIE LINIEN

1 — — **X** *Verlieren Sie keine Zeit.*

Die Ursachen für die Störungen sind noch nicht schwerwiegend, aber es ist schon Zeit, dort etwas zu verbessern. Wenn man die Gefahr kennt, sollte man die Dinge nicht leichtnehmen.

2 ——— **X** *Die Kraft kann nicht brutal der Schwäche folgen.*

Aus Schwäche wurde ein Fehler begangen. Mit brutaler Kraft und zu großer Hast zu reagieren, ist nicht immer das beste Mittel, um ihn zu reparieren. Versuchen Sie, die Angelegenheit mit Demut und Versöhnung zu Ende zu bringen.

3 ——— **X** *Bringen Sie ohne Furcht alles wieder in Ordnung.*

Haben Sie keine Angst, energisch zu reagieren. Setzen Sie sich durch, selbst wenn das zu Unstimmigkeiten führt. Der Erfolg am Ende rechtfertigt diese Haltung.

4 — — **X** *Das Zögern ist schuld an Schlimmerem.*

Ihre Lage verschlechtert sich jeden Tag, aber bleiben Sie dabei, daß Sie nicht sehen, wie schlimm sie ist! Ihre Schwäche führt Sie direkt in die Katastrophe und die Erniedrigung.

5 — — X *Zuviel erwarten heißt delegieren.*

Es ist Ihnen nicht mehr erlaubt, nur die Fehler der Vergangenheit auszubessern. Glücklicherweise finden Sie die notwendige Unterstützung. Erfolg, aber es ist nur eine Reform, keine Erneuerung.

6 ——— X *Der Weise hält sich fern von den Aufregungen.*

Da Sie außerhalb der Dinge stehen, sind Sie von dem hier vorliegenden Problem nicht direkt betroffen. Aber Ihr Zustand erlaubt es, daß Sie in die Ereignisse eingreifen und den anderen helfen, wenn es nötig ist.

19. LIN

Die Ausübung der Funktion

oben die Erde
unten der See

INTERPRETATION

Symbol: Lin ist verschieden übersetzt worden: die Annäherung, die Dienstbarkeit, die Größe der Funktion, die Autorität, denn es gibt kein Wort, das es genau trifft. Der vorherrschende Gedanke ist der, daß eine wachsende Angelegenheit – die vom Wasser zur festen Erde übergeht, die reicher wird –, es braucht, daß sie entsprechend ihrer Entwicklung genau beobachtet wird. Die genaueste Bedeutung könnte folgende sein: »von oben überwachen, was unten ist.«

Allgemeine Bedeutung: Insgesamt ist Lin eine glückliche Voraussage, die eine Zeit des Wohlstands ankündigt. Sie entwickeln sich mitten in einer Lage oder einer Angelegenheit, die vorankommt. Sie wächst von Tag zu Tag und damit Ihre Verantwortlichkeit – daher die Begriffe Ausübung der Funktion, Autorität oder Annäherung an eine Angelegenheit, die man beherrscht, oder Dienstbarkeit gegenüber denen, die Ihnen folgen. Aber Sie wissen, daß dieser Fortschritt nicht ewig dauert und daß er sich nach einiger Zeit in sein Gegenteil verkehren wird. Deswegen bleiben Sie auf der Hut und achten auf die kleinsten Anzeichen der Veränderung. Wenn Sie ausreichend vorbereitet sind, werden Sie leicht damit fertig.

DIE LINIEN

1 ——— X *Auf dem laufenden bleiben können.*

Alles geht gut. Sie sind in Harmonie mit Ihrer Umgebung und kommen im Lauf der Welt voran. Das Glück ist Ihnen hold, bleiben Sie ausgeglichen.

2 ——— X *Der Schritt nach vorn. Glück.*

Glückliche Voraussage für die Dinge, die Sie im Auge haben. Sie kommen voran, indem Sie aufsteigen, und ziehen daraus Vorteile. Dabei bleiben Sie sich ganz des vergänglichen Charakters der irdischen Dinge bewußt. Beweisen Sie Initiative.

3 — — X *Die Sorglosigkeit ist Ursache für Unannehmlichkeiten.*

Ihr Erfolg und Ihr Selbstbewußtsein können die schockieren, die nicht soviel Glück wie Sie haben. Korrigieren Sie sich, stehen Sie zu Ihrer Verantwortung. Sie können dieser unglücklichen Voraussage aus dem Weg gehen.

4 — — X *Die Ausübung der Funktion ist vollkommen.*

Sie handeln in einem günstigen Klima, gerecht und ohne Vorurteile. Aufstieg, gegenseitiges Vertändnis.

5 — — X *Der Weise wählt den Weg der Mitte.*

Indem Sie sich mit dem beschäftigen, was Sie machen können, beauftragen Sie Spezialisten, das zu tun, was Sie nicht können. Dieses Vertrauen und diese Zurückhaltung sind Ihre Größe.

6 — — X *Die großzügige Ausübung.*

Denen, die Ihnen folgen, hören Sie zu und helfen ihnen. Die großzügige und ernsthafte Beobachtung der Lage ist eine Quelle des Glücks.

20. KOUAN
Die Kontemplation

oben der Wind
unten die Erde

INTERPRETATION

Symbol: Kouan bedeutet einerseits die Kontemplation, andererseits, betrachtet zu werden. Dieser Gedanke wird verursacht durch die Form des Hexagramms, das wirkt wie ein aus der Ferne sichtbarer Turm, von dessen Höhe aus man einen großen Überblick hat. Der Gedanke entsteht auch durch die beiden Trigramme, aus denen es zusammengesetzt ist: Der Wind weht über die Oberfläche der Erde und dringt überall ein, wo es etwas zu sehen gibt – Bild des Rundblicks über den Horizont.

Allgemeine Bedeutung: In der taoistischen Lehre nimmt Kouan einen der wichtigsten Plätze ein, denn es repräsentiert und charakterisiert gleichzeitig die Sicht der Welt des Weisen: »die Kunst des Fühlens« *, und durch sie drückt sich das schöpferische Genie des Taote aus. Es handelt sich um eine Art des »Sehens« und des »Fühlens«, bei der man in sich das Gefühl für die natürliche und ursprüngliche Ordnung der Dinge findet. Man begreift die Welt ohne nachzudenken, indem man ganz verfügbar und in so einer Symbiose bleibt, daß man hinter den Gegenstand seiner Vision zurücktritt. Mit einem Wort, es ist die Erwartung ohne Ziel, nicht begrenzt durch das Ich.

Diese Erwartung bestimmt ganz die Haltung des Weisen, seine Art, in der Welt zu sein und zu handeln. In seinem Kommentar zum I Ging erklärt Wang Pi, daß »die Bedeutung des Kouan darin liegt, daß man nicht mit Bestimmungen und Sanktionen handeln soll, sondern seinen Einfluß durch Voraussicht ausüben muß, die es erlaubt, alles zu verändern.

Die geistige Macht ist unsichtbar, wir sehen nicht, wie der Weise herrscht, und dennoch gehorchen die Menschen ihm.« In der Folge des voraufgehenden Hexagramms bedeutet das, daß Kouan die Kunst ist, seine Funktion auszuüben, ohne in den Lauf der Dinge einzugreifen und sie dabei dennoch zu verändern. Das ist der Gipfel

* In dem Buch über den Taoismus in derselben Reihe kann man die Entwicklung dieser Frage in Kapitel 5 nachlesen.

des Aktes Wu Wei, aber auch aller künstlerischen Aktivitäten, die den Meistern des Tao so wichtig sind.

An einem äußersten Punkt im Hier und Jetzt ist es der Augenblick, in dem der Mensch alles werden und haben kann, was er möchte.

DIE LINIEN

1 — — X *Den Sinn des Sehens verstehen können.*

Ihre Art, die Welt zu »sehen«, ist auf eine überkommene Sicht begrenzt, die in Wirklichkeit ohne Bedeutung und auch ohne Größe ist.

2 — — X *Durch den Türspalt sehen.*

Es gilt dasselbe wie oben (s. Linie 1). Aber je nach Ihrer Funktion, die Sie ausüben, kann das unglückliche Folgen haben.

3 — — X *In sich selbst hineinsehen.*

Indem Sie sich selbst besser erkennen, können Sie sich bessern. Die Prüfung Ihrer vergangenen Handlungen mehr noch als die Kenntnis Ihrer Gedanken wird Ihnen helfen, die richtige Entscheidung für den Fortschritt zu treffen.

4 — — X *Äußeres Sehen und Können.*

Sie haben eine klare Sicht der äußeren Welt und der Ereignisse. Versuchen Sie, sie zu teilen und mitzuteilen, damit sie bei einer Tat zum Vorteil angewendet wird. Große Erfolge, wenn Sie da weitermachen.

5 ——— X *Sein eigenes Handeln zu sehen, bereichert.*

Sie sind in einer Machtposition (fünfte Linie = der Herrscher), und die anderen erwarten viel von Ihnen. Aber Sie müssen Ihre eigenen Taten beurteilen und die Harmonie finden, um die anderen auf den richtigen Weg mitzuziehen (im Unterschied zu Linie 3 betreffen Ihre Entscheidung und Ihr Urteil nicht nur Sie, sondern sie haben auch Einfluß auf die Menschen in Ihrer Umgebung).

6 ——— X *Die Kunst des Sehens.*
Hier wird die Sicht der Welt des Weisen dargestellt (s. Absatz Allgemeine Bedeutung). Wenn Sie sie erreichen können, führt sie Sie fort von aller Aufregung und hin zur Befreiung.

21. CHE HO ䷔ oben das Feuer

Sich durchbeißen unten der Donner

INTERPRETATION

Symbol: Für die Chinesen stellt dieses Hexagramm einen inneren Mund dar, aus dem eine Aufdringlichkeit kommt (vierte Linie). Damit die »Kiefer« sich vereinen können, muß man mit den »Zähnen beißen«, sich durchbeißen.

Allgemeine Bedeutung: In der Natur bezeichnet Che Ho die Hindernisse, die sich vor dem Menschen aufrichten. Es handelt sich im allgemeinen um ungeordnete, heftige Dinge, die die Einigkeit und die Übereinstimmung verhindern. Eine Ungerechtigkeit, eine falsche, illoyale Handlung, vielleicht sogar kriminell, ein Verrat, ein unrechtmäßiges Eingreifen der Macht usw.

Der dynamische und positive Aspekt des Hexagramms treibt dazu an, gegen diesen Zustand zu reagieren. Die beiden Trigramme, die Che Ho bilden – Donner und Feuer – enthalten den Gedanken der Kasteiung durch einen »energischen Biß, der über das Böse triumphiert«; sie regen dazu an, einen Akt der Justiz in Angriff zu nehmen, Prozeß, Urteil und Strafe. In einer weniger schwerwiegenden Situation müssen Sie mit Macht alle Ursachen der Unstimmigkeit unterdrücken, damit sich kein dauerhaftes Vorurteil festsetzt. In dem einen wie dem anderen Fall müssen Sie mit Klarheit (oben das Feuer) handeln, ohne daß Sie sich aufregen (die fünfte Yin-Linie weist auf eine sanfte Tat einer Person hin, die eine Haltung von unerschütterlicher Souveränität einnimmt), denn dieses Hexagramm enthält im wesentlichen den Sinn der Rechtmäßigkeit und des Lichts, das die vernünftige Intelligenz erhellt. Damit es zum Erfolg kommt, ist es wichtig, immer in Harmonie mit der Entscheidung des Hexagramms zu sein.

1 ▬▬▬ X *Ein Arrangement ist besser als ein Schmerz.*

Sie leiden unter einem leichten und nicht unvermeidlichen Vorurteil. Indem rasch gehandelt wird, ist Versöhnung möglich. Es ist es nicht wert, die Dinge zu verschlimmern.

2 ▬ ▬ X *Die Strenge, wie sie in der Justiz herrscht.*

Als Opfer einer schweren Ungerechtigkeit reagieren Sie energisch. Zu energisch vielleicht, denn Sie regen sich auf und verlieren die Klarsicht. Aber am Ende gibt es keinen Tadel, denn Ihr Zorn ist gerechtfertigt.

3 ▬ ▬ X *Die Justiz ohne Rechtmäßigkeit.*

Sie üben eine Züchtigung aus, ohne dazu die Macht noch die Autorität zu haben. Das bringt Ihnen Vorbehalte ein und stürzt Sie in Verwirrung. Sie leiden jedoch nicht zu sehr darunter, denn die Dringlichkeit der Situation erforderte ein solches Verhalten.

4 ▬▬▬ X *Der schwierige Triumph.*

Sie haben sehr große Schwierigkeiten, und Ihr Gegner ist mächtig. Nur durch außerordentliche Festigkeit und Ausdauer werden Sie siegen.

5 ▬ ▬ X *Die Sanftheit, verbunden mit der Macht.*

Das zu lösende Problem ist außerordentlich delikat, aber Sie haben eine Position der Macht inne. Die Offenheit und die Unparteilichkeit erlauben es Ihnen, nicht nur die Gefahr zu überwinden, sondern die Einheit wiederherzustellen. Erfolg, wenn Sie nichts überstürzen.

6 ▬▬▬ X *Er ist taub gegenüber den Warnungen.*

Ihr Gegner ist unnachgiebig (im Gegensatz zu Linie 1). Es ist alles außerordentlich schlimm, das Verstehen fällt schwer. Vielleicht sind auch Sie dafür ein wenig verantwortlich ...

22. PI ☶☲ oben der Berg

Die Anmut unten das Feuer

INTERPRETATION

Symbol: Das Feuer kommt aus der Erde und steigt zum Himmel, dabei beleuchtet es den Berg.

Allgemeine Bedeutung: Pi symbolisiert die Schönheit der Form, den Schmuck, das äußere Strahlen, die Welt der Kunst. Unerläßlich für die Annehmlichkeit des Lebens, besitzt es außerdem die Bedeutung der Zusammenkunft und der Mitteilung, denn es vereint die Menschen um dieselbe Quelle der Harmonie.

Es erscheint als glückliche Voraussage, indem es eine Situation anzeigt, die von den Störungen des Lebens Abstand hat. Ihr Handeln bringt Ihnen Erfolg und Sympathie ein; Sie haben die Fähigkeit, sich frei und mit Leichtigkeit auszudrücken, wobei Sie die Dinge und ihre Schönheit klar sehen.

Bei Pi fehlt es jedoch an Tiefe des Handelns: es bindet sich zu ausschließlich an die äußerliche Form und an den ästhetischen Charakter, so daß es ihm an Inhalt fehlt, wenn es um das Schöpferische geht. Das Orakel des I Ging rät deswegen, unter seinem Einfluß nichts sehr Wichtiges zu unternehmen. Die »Anmut« erhellt das tägliche Leben, erlaubt es, kleine Dinge zu regeln, aber sie reicht nicht aus für die großen Fragen. Selbst bei den Künsten und der inneren Erleuchtung, die die Lieblingsbereiche dieses Hexagramms sind, ist schnell eine Grenze erreicht: die Gefühle von Ästhetik und Ruhe inspirieren bis zu einem bestimmten Punkt, aber ohne das Wesentliche (s. Koua Nr. 20) erreichen sie nie das schöpferische Genie noch die reine Freiheit des Menschen.

DIE LINIEN

1 ——— **X** *Er steigt aus dem laufenden Auto aus.*

Obwohl keine besondere Situation vorliegt, rät diese Linie, auf die Leichtigkeit zu verzichten und sich zu stärken. So kommt man voran.

2 — — X *Der Schmuck darf nur die Ergänzung zum Inhalt sein.*

Er kann ihn verschönern, aber ihm keinen Inhalt geben (denken Sie darüber im Zusammenhang mit Ihrer Frage nach!).

3 ——— X *Lassen Sie sich nicht vom Charme einschläfern.*

Das Leben enthüllt seine »Attraktionen«: die Leichtigkeit, die Freude, die Schönheit. Eine Zeit des Glücks und des Wohlbefindens eröffnet sich Ihnen, aber damit die wirklich von Nutzen ist, machen Sie den notwendigen Schritt zurück.

4 — — X *Die Anmut oder die Einfachheit?*

Sie spüren, daß Sie weiter hinter dem Erfolg und der Anmut herlaufen, Sie laufen Gefahr, sich selbst zu verlieren. Das beweist die Notwendigkeit einer Veränderung ...

5 — — X *In den Händen des Weisen.*

Eine Person, zu der Sie aufschauen, hilft Ihnen, die Einfachheit wiederzufinden. Auch wenn Sie anfangs Furcht und Enttäuschung erfahren, ist die Voraussage glücklich, und am Ende gibt es Freude. (Bezug zur voraufgehenden Linie, von der diese untrennbar ist.)

6 ——— X *Die Schönheit der reinen Form.*

Das Zersplittern des Schmucks löst nicht den Inhalt auf, sondern es kommt zur Harmonie (s. Linie 2). Das ist die höchste Stufe aller Kunst und aller Schönheit, wenn sie einfach und rein ist. Ihr Handeln findet endlich Tiefe.

23. PO

Der Zusammenbruch

oben der Berg
unten die Erde

INTERPRETATION

Symbol: Wenn der Berg auf unsicherer Erde ruht, läuft er Gefahr zusammenzustürzen; wenn er dagegen eine breite Grundlage hat, ist seine Lage solide. So ist es auch bei den Menschen.

Allgemeine Bedeutung: Der Sinn dieses Hexagramms wird uns aus der Anordnung der Linien deutlich: die Gruppe der negativen Yin-Zeichen bestürmt die einzige positive Yang-Kraft oben. Die Bedeutung ist die von Abnutzung durch Gebrauch, von Wirkung der Zeit, von Einsturz, provoziert durch das, was unterlegen ist. Es sind die bewahrenden Kräfte, die im Laufe der Zeit unsere schöpferische und fantasievolle Kraft verbrauchen; die niederen Instinkte und der Materialismus untergraben die Erhabenheit und die Rechtschaffenheit; die gewöhnlichen Menschen vernichten durch ihren Einfluß den begabten Menschen und das, was er unternimmt.

Die Haltung, die in einer solchen Lage eingenommen werden sollte, wird von dem Bild des Hexagramms angezeigt: der Berg auf der Erde – die Ruhe über der Verlassenheit; die absolute Unbeweglichkeit. Keine heftige Reaktion wäre günstig. Bleiben Sie ruhig, unternehmen Sie nichts. Nutzen Sie die Lage nur, um Ihre Grundlagen zu festigen, beispielsweise indem Sie anderen helfen, ihre Pläne zu verwirklichen.

DIE LINIEN

1 — — **X** *Sie sind in einer Sackgasse.*

Das Böse und der Irrtum ergreifen nach und nach die Lage. Da ist nichts zu machen. Ob Sie reagieren oder nicht, Sie erleiden den Einfluß dieser Kräfte.

2 — — **X** *Beweisen Sie Nachgiebigkeit und Diplomatie.*

Die Lage der Linie 1 verschlimmert sich. Es gibt jetzt keine Zweifel mehr, und Sie stehen allein vor dieser Bedrohung. Seien Sie außerordentlich vorsichtig. Wenn Sie mit Härte reagieren, laufen Sie Gefahr, Ihr Gleichgewicht zu verlieren, und die negativen Kräfte treffen Sie mit Wucht.

3 — — **X** *Die Umgebung ist schlecht.*

Sie sind isoliert und leiden unter dem unheilvollen Einfluß Ihrer Umgebung. Eine einzige Person kann Ihnen helfen (Linie 3 hat Sympathie für Linie 6) und Ihnen die innere Kraft zum Widerstand geben.

4 — — X *Totale Niederlage.*

Das Unglück ist auf seinem Höhepunkt. Ihr Herz und Ihr Körper sind ganz davon betroffen.

5 — — X *Die Lage kehrt sich um.*

In der Nachbarschaft der einzigen positiven Linie dieses Hexagramms kehrt sich die Lage um. Passen Sie sich dieser Veränderung an, es ist der Augenblick, in Ihnen selbst und um Sie herum Ordnung zu schaffen. Sie finden Unterstützung.

6 ——— X *Das Gute triumphiert über das Böse.*

Die Situation erreicht ihr Ende. Sie finden Ihre Handlungsfähigkeit wieder und können sich den negativen Kräften wirkungsvoll entgegensetzen. Die Zeit, die Sie durchgemacht haben, kann viele Dinge in Ihrem Leben verändert haben. Schauen Sie nicht mehr nach hinten, vergessen Sie die vergangenen Träume, Sie sind zu neuen Taten aufgerufen!

24. FOU ䷗ oben die Erde
Die Rückkehr unten der Donner

INTERPRETATION

Symbol: Um den Sinn dieses Hexagramms gut zu verstehen, ist es ratsam, sich auf das voraufgehende Koua zu beziehen: Po, der Zusammenbruch. Denn man hat es hier mit der umgekehrten Bewegung zu tun, die die Wiederherstellung der Lage beschreibt. Fou ist die Rückkehr, d. h. die Wende, die Verbesserung.

Die einzige Yang-Linie von Po war zurückgedrängt worden unter dem Druck der Yin-Linien, so daß das Positive des Hexagramms unterging. Dieselbe Yang-Linie erscheint hier wieder, aber auf der untersten Linie; sie wird mit neuer Kraft und neuer Energie wiedergeboren und steigt auf wie ein inneres Feuer, bereit zur Ausdehnung (der Donner in der Mitte der Erde).

Allgemeine Bedeutung: Sie haben eine schwierige Zeit durchgemacht, die ihren Höhepunkt erreicht hat. Aber jetzt stehen Sie an einer Wende, die Dinge verändern sich, der Weg wird wieder breiter; die Bewegung und die Aktion, die vertrieben waren, kommen zurück und erlauben es Ihnen, die Situation wieder in die Hand zu bekommen.

Auf allen Ebenen gibt es Verbesserung, Veränderung, Bereicherung. Neue Möglichkeiten bieten sich Ihnen an, und es ist der Augenblick, sie zu ergreifen. Die Ankündigung des Hexagramms ist, daß diese Verwandlung frei von allen Fesseln einem natürlichen Weg folgt (denn die Yin-Linien der Figur sind rezeptiv); sie ist jedoch kaum besonders strahlend (Bild des Donners unter der Erde), und es ist vor allem wichtig, sie zu festigen. Da die Zeit für Sie arbeitet, darf man die Ereignisse vor allem nicht beschleunigen, sonst wird alles in Frage gestellt.

Anmerkung: In der taoistischen Mystik bedeutet Fou die Rückkehr zur jungfräulichen Erde. Das ist eines der Symbole des Himmelsweges, der anzeigt, daß der Mensch, wenn ihm eine wirkliche Auslöschung des Selbst gelungen ist, das Gefühl für den Ursprung aller Dinge (das Tao) wiederfinden kann. Fou verbindet sich also mit dem Tao.

DIE LINIEN

1 ▬▬▬ X *Rückkehr aus kurzer Entfernung.*

Ihre Ideen, Ihre Pläne tun Ihnen nicht gut. Sie sind noch nicht in Aktion getreten, und es ist möglich, daß Sie rückwärts schreiten. Zögern Sie nicht, machen Sie eine Korrektur, und alles wird gutgehen.

2 ▬ ▬ X *Friedliche Rückkehr.*

Sich in den Griff bekommen oder die Situation in die Hand kriegen (je nach Fall), das erfordert Tugend. Die Aufgabe wird sehr erleichtert, wenn man in guter Umgebung ist. Wenn das bei Ihnen der Fall ist, Glück.

3 ▬ ▬ X *Wiederholte Rückkehr.*

Die Rückkehr braucht Entschlossenheit, um erfolgreich zu sein. Aber in der gegenwärtigen Lage gibt es ein Risiko von Instabilität, der Flucht nach vorn, des Mangels an Heiterkeit, des Kommens und Gehens bei mehreren Projekten.

4 — — X *Einsame Rückkehr.*

Sie allein haben die stattfindende Veränderung erfühlt und folgen ihrer Bewegung, was Sie von den anderen entfernt und Ihre Freundschaft mit einem Menschen von großem Wert festigt. Am Ende Belohnung.

5 — — X *Würdige Rückkehr.*

Mit der Rückkehr kommt die Zeit, seine Gedanken und Handlungen zu prüfen. Wenn Sie verantwortlich sind für vergangene Fehler, erkennen Sie sie an. Sie haben sich nichts vorzuwerfen.

6 — — X *Verpaßte Rückkehr.*

Durch Verblendung lassen Sie eine Gelegenheit vorbeigehen, Ihr Leben (das innere oder äußere) zu verändern. Unglücklicherweise können Sie nicht zurück, und das führt zu Bedauern. Es bleibt Ihnen nur zu warten, daß die Lage sich von allein klärt.

25. WOU WANG ䷘ oben der Himmel

Das Natürliche unten der Donner

INTERPRETATION

Symbol: Die Bewegung (der Donner) kreist am Himmel.

Allgemeine Bedeutung: Wou Wang ist die Ordnung dessen, was sein muß, die Bewegung, die dem Gesetz des Himmels folgt. In der Tat, es hat genau den Sinn, den die taoistischen Weisen dem Wort natürlich geben: das, was sich dem Daseinsgrund der Dinge beugt. Nach ihnen heißt handeln, natürlich spontan zu handeln, wobei man seiner inneren Natur folgt, ohne begrenzt zu werden durch einen herkömmlichen oder theoretischen Gedanken (den man gelernt hat), ohne bestimmt zu sein durch persönliches Tun. Als Folge und einzig, weil man sich in Übereinstimmung bringt mit dem höheren Willen des Himmels, wird die natürliche Handlung frei, einfach, ohne Anstrengung, nicht getrübt durch niedere Instinkte oder Unzufriedenheit usw.

Das Auslegen dieses Hexagramms bedeutet, daß man handeln muß, wie es sich gehört, indem man diesem natürlichen Weg folgt. Die Lage erfordert es! Sie hoffen nichts, Sie begehren nichts. Also, sagt das I Ging, »weil Sie ein tadelloses Verhalten zeigen, haben Sie einen sublimen Erfolg«.

DIE LINIEN

1 ——— X *Das natürliche Verhalten bringt Glück.*

Verhalten Sie sich Ihrer Natur entsprechend, Sie können sicher sein, daß Sie bis an die Grenzen Ihrer Erfahrung gehen.

2 — — X *Er bearbeitet sein Feld,*
ohne an das Haus zu denken.

Indem Sie eine Arbeit vollenden, ohne sich um das Ergebnis noch um das, was Ihnen das bringt, zu kümmern, beugen Sie sich dem Daseinsgrund der Dinge. Die Belohnung kommt von allein.

3 — — X *Bei allen Dingen, selbst im Unglück, muß man*
sich den Forderungen der Stunde anpassen.

Sie haben Pech, der Zufall (oder ein Los) hat Sie in eine unangenehme Lage gebracht. Aber Bedauern ist nicht notwendig. Die Enttäuschung berührt den, der nichts erwartet, nicht.

4 ——— X *Bleiben Sie Ihrer wahren Natur treu.*

Wie die Situation auch sein mag, das richtige Handeln ist das, das nicht durch den Willen beschränkt wird noch durch den Einfluß der anderen. Vertrauen Sie mehr auf Ihr Herz als auf das, was man Ihnen zu tun rät. Seien Sie in dieser Hinsicht fest.

5 ——— X *Die Dinge regeln sich von allein.*

In Ihrer Situation fehlt die Unordnung völlig. Selbst wenn Sie Opfer eines äußeren Mißgeschicks sind, kommen die Dinge wieder auf ihren Platz. Lassen Sie die Natur machen.

6 ———— X *Warten Sie friedlich.*

Die Zeit bietet sich nicht für eine neue Unternehmung an. Geben Sie Ihre Pläne auf. Zwingen Sie das Schicksal nicht.

26. TA TCH'OU

Die Macht, das Große zähmen

oben der Berg
unten der Himmel

INTERPRETATION

Symbol: Der Berg hält das Licht des Himmels fest. Man hat hier das Bild einer sehr großen Macht, bei der der Mensch sich der schöpferischen Kraft bedient, um seinen Charakter und seine Lage zu festigen.

Allgemeine Bedeutung: Die Kraft des Himmels unten, die Festigkeit oben zeigen an, auf welche Weise man die Macht bekommt und erhält. Durch die Fantasie und die Lebendigkeit des Geistes erhebt man sich, durch die Ausdauer (indem man sich täglich erneuert) und die Erfahrung (indem man weiß, wie man die Taten und die Gedanken der Vergangenheit mit Entschiedenheit und im richtigen Moment anwendet) erhält man sich.

Sie sind begünstigt von einer sehr großen Kraft, die es Ihnen erlaubt, die Lage direkt zu kontrollieren. Es ist der Augenblick voranzugehen, die Pläne zu verwirklichen, etwas zu unternehmen. In Ihrer Position sind die Gewohnheit und die Angepaßtheit Fesseln, hüten Sie sich auch vor Übertreibung!

DIE LINIEN

1 ———— X *Erwarten Sie den günstigen Augenblick.*

Sie haben viel Energie und würden gern nach vorn gehen. Aber studieren Sie die Lage gut, denn die Umstände sind vielleicht nicht günstig für Sie. Hier weist alles darauf hin, daß es zum Handeln zu früh ist (in der Tat, die vierte Linie stoppt die Aktion der ersten) und daß eine Gefahr Sie bedroht.

2 ——— X *Vorübergehendes Hindernis;*
gehen Sie nicht weiter.

Sie stehen einer großen Kraft gegenüber (Linie 5); es ist offensichtlich, daß Sie sich anpassen und warten müssen. Wenn Sie mehr Energie angesammelt haben, können Sie vorangehen.

3 ——— X *Gehen Sie nach vorn, indem*
Sie mit Schwierigkeiten rechnen.

Ihre Lage verbessert sich, obwohl es noch einige Hindernisse gibt. Wenn Ihr Ziel klar ist, hilft Ihnen das und erlaubt Ihnen, die Unterstützung von Menschen zu bekommen, die in derselben Richtung arbeiten.

4 — — X *Zähmen Sie die Kraft, bevor sie sich mit*
Gewalt zum Ausdruck bringt.

Sie fangen an, Ihre Leidenschaften zu beherrschen, oder es ist Ihnen möglich (je nach Fall), sich von Anfang an einer unheilvollen Aktion entgegenzusetzen. So fällt es Ihnen leichter, die Hindernisse zu beseitigen. Erfolg.

5 — — X *Verändern Sie die Natur der Dinge.*

Gewalt mit Gewalt bekämpfen regelt nichts. Man muß sich an die Quelle des Bösen anpassen.

6 ——— X *Man gelangt zum Himmelsweg.*

Die Kraft, die Sie gesammelt haben, kommt frei zum Ausdruck. Nichts stellt sich einem vollkommenen Erfolg entgegen.

27. YI
Die Nahrung

oben der Berg
unten der Donner

INTERPRETATION

Symbol: Die Chinesen sehen in diesem Koua das Bild eines geöffneten Mundes mit beiden Kiefern: unten artikuliert wie die Bewegung (der Donner), oben unbeweglich wie der Berg. Von daher stammt der Gedanke an Nahrung, an Lebensunterhalt, an das, was vom Mund beherrscht wird; das ist die erste Bedeutung des Hexagramms.

Allgemeine Bedeutung: Am Fuß des Berges ist der Donner, Bild der Verwaltung der Nahrung. Der edle Mann kontrolliert seinen Mund, das, was hineinkommt, und das, was daraus hervorkommt.

Bei der Lektüre dieses Orakels sieht man, daß die ganze Deutung des Yi in der Beziehung zwischen den beiden Trigrammen Ken und Tchen enthalten ist. Auf der einen Seite befindet sich die energische Bewegung, auf der anderen die ruhige Kraft. Eine Seite steigt auf, die andere herab, so daß sie sich korrigieren, wenn sie sich treffen. So ist das auch bei dem Menschen, der sich immer korrigieren und das Maß finden muß – in der Art, in der er sich innerlich ernährt und kultiviert; das Maß zwischen den materiellen und geistigen Nahrungen; das Maß seiner Worte (die hervorkommen); das Maß zwischen dem, was er für sich behält und dem, was er den anderen gibt; das Maß in seinen Wünschen und Neigungen ...

Der hervorragende Mensch ist der, der »seinen Mund gut zu gebrauchen weiß«, sagen die Kommentare, d. h. der, der gut denken, gut sprechen, gut leben kann.

DIE LINIEN

1 ——— **X** *Indem man ein Mehr an Nahrung sucht,*
unterliegt man den Leidenschaften.

Sie haben alles, was Sie wollen, vor allem Unabhängigkeit und Freiheit. Dennoch sind Sie neidisch auf den Reichtum der andern. Diese Begierde kann Ihr Leben nur vergiften, indem sie Verachtung und Hohn anzieht.

2 — — **X** *Die Schwäche lenkt Sie von Ihrer*
wahren Natur ab.

Obwohl Sie in der Lage sind, sich selbst zu »ernähren«, kümmern Sie sich nur um Ihren Vorteil und nehmen weiterhin Nahrung von den anderen an. Das führt Sie ins Unglück.

3 — — X *Das Fehlen eines Maßes führt an den Abgrund.*

Sie vernachlässigen vollständig die geistige Nahrung und denken nur daran, die Begierden Ihrer Sinne zu stillen. Diese Maßlosigkeit beeinflußt jede Ihrer Taten.

4 — — X *Wie ein hungriger Tiger ergreifen Sie alle Möglichkeiten, die sich bieten.*

Sie sammeln »Nahrungsmittel« an und folgen Ihrem eigenen Weg. Aber hier gibt es keinen Tadel (anders als bei Linie 2), denn es ist das Ziel, mit der Gemeinschaft zu teilen.

5 — — X *Folgen Sie Ratschlägen.*

Ihre Aufgabe sollte es sein, andere zu ernähren, aber Sie haben nicht die Kraft dazu. Glücklicherweise gibt Ihnen eine weise Person über Ihnen (Linie 6) Hilfe mit ihren Ratschlägen. Bleiben Sie sich dieser Abhängigkeit bewußt und unternehmen Sie nichts, das über Ihre Möglichkeiten hinausgeht.

6 ——— X *Das Göttliche ist die Quelle aller Nahrung.*

Sie haben das Maß gefunden, und Sie besitzen die Fähigkeit, einen aktiven Einfluß auf die anderen auszuüben. Das ist eine schwere Verantwortung, aber die Umstände sind günstig für Sie. Sie können voller Vertrauen große Werke in Angriff nehmen.

28. TA KOUO

Das Übergewicht des Großen

oben der See
unten der Wind
der Baum

INTERPRETATION

Symbol: Dieses Hexagramm setzt sich zusammen aus vier Yang-Linien, die in der Mitte zusammenstehen und von den beiden äußeren Yin-Linien nicht gehalten werden. Dieses Positive ist leider viel zu stark und im Ungleichgewicht, es zerstört alles, was es berührt, wie das schlafende Wasser, das normalerweise den Baum und den Wald (Bild der beiden Trigramme) ernährt, sie aber zerstört, wenn es sie überflutet.

Allgemeine Bedeutung: Ta Kouo repräsentiert das Gewicht dessen, das zu groß ist, das Übermaß an Belastung, das Übermaß an Bewegung. Das I Ging vergleicht das Hexagramm in seinem »Urteil« mit einem Balken, der in der Mitte sehr dick und außen viel zu dünn ist, er biegt sich unter dem Gewicht, das er nicht tragen kann.

Das ist der Zustand einer sehr schwierigen Situation, die durch unüberwindliche Schwierigkeiten bedroht wird. Ihre Situation kommt Ihnen unhaltbar und so gut wie hoffnungslos vor. Dennoch, dieses ist nicht der Augenblick, den Mut zu verlieren. Im Gegenteil, man muß die Maßnahmen ergreifen, die sich als notwendig erweisen. Touei, das obere Trigramm, weist auf die Haltung hin, die einzunehmen ist: es ist die fröhliche Heiterkeit. Wie groß der Umfang der Gefahr auch sei, man muß vertrauensvoll und fest bleiben – die Lage kann sich eines Tages nur noch in ihr Gegenteil verwandeln –, man muß daran glauben, sich den Dingen entgegenstellen, handeln, außergewöhnliche Eigenschaften und Initiativen beweisen.

DIE LINIEN

1 — — X *Versuchen Sie, die Gefahr zu begrenzen.*

Eine Tat in einer so gefährlichen Zeit kann nur Erfolg haben, wenn man zu ungewöhnlichen Vorsichtsmaßnahmen greift. Selbst wenn sie übertrieben erscheinen, holen Sie alle Chancen auf Ihre Seite.

2 ——— X *Günstiger Wiederanfang.*

Neue Initiativen, unerhoffte Unterstützung bieten Ihnen die Möglichkeit zur Erneuerung. Sie sind auf dem richtigen Weg.

3 ——— X *Der Balken bricht.*

Sie handeln, ohne auf die Warnungen der anderen zu hören, und Sie versuchen, allein die Situation zu zwingen. Die Katastrophe droht Ihnen.

4 ——— X *Mißbrauchen Sie Ihre Macht nicht.*

Sie sind auf dem Höhepunkt der Aufgabe, die Sie sich gestellt haben. Aber mißbrauchen Sie nicht die Freundschaft, die Ihnen spontan angeboten wird, denn dank ihrer kommen Sie voran.

5 ——— X *Das Übermaß an Größe.*

Sie sind in der Position, daß Sie jede Lage beherrschen können, aber nichts passiert. Alle Erneuerung ist fruchtlos. Es gibt kein Glück und kein Unglück.

6 — — X *Das Wasser überflutet Sie.*

Indem Sie um jeden Preis die Situation zu einem Ende bringen wollen, überschreiten Sie Ihre Grenzen und die der Vernunft. Das Ergebnis ist katastrophal, aber nicht ganz negativ, wenn Sie daraus eine Lehre ziehen.

29. K'AN

Das Unergründliche, das Wasser ䷜ oben das Wasser / unten das Wasser

INTERPRETATION

Symbol: Das doppelte Symbol des Wassers betont den Sinn und den Charakter des Trigramms K'an.

Allgemeine Bedeutung: Das einfache Trigramm symbolisierte den Abgrund, die Gefahr, das im Dunkel gefangene Licht, aber auch den Verstand und die Durchdringung, die vorankommt, indem sie sich windet, und die an das Ende von all dem kommt, auf das sie trifft. Einerseits das Wasser, das vom Himmel fällt, andererseits das Wasser, das auf der Erde fließt und sein Ziel erreicht.

Das doppelte Trigramm bedeutet, daß sich in jeder Gefahr eine weitere Bedrohung verbirgt, die noch bedrohlicher ist (s. Linie 1). Es bedeutet auch, daß der Mensch sich an die Gefahr gewöhnt. Der Weg, um sie zu beseitigen, ist also vorgezeichnet: wie das Wasser, das kein Hindernis fürchtet und ohne Unterbrechung fließt, muß man in das Herz der Dinge vordringen und niemals stehenbleiben. Mit Ernsthaftigkeit bis ans Ende gehen, den Sinn der Situation durchdringen und sich selbst immer gleich bleiben. Denn es ist die Fähigkeit zum Handeln, die hier das Verdienst bringt, eine Fähigkeit, die begleitet werden muß von einer positiven Energie, von der

Ernsthaftigkeit des Herzens und vom Verstand. Wenn alles ins Werk gesetzt ist, um die Situation zu überwinden, und zwar mit Gerechtigkeit und der gewollten moralischen Tiefe, dann ist die Voraussage positiv.

DIE LINIEN

1 — — X *Im Abgrund fällt man in einen anderen Schlund.*

Wenn man auf die Gefahr trifft, gewöhnt man sich an das Böse und verliert den Sinn für das richtige Handeln. Man läuft also Gefahr, sich in einen noch tieferen Schlund zu stürzen: der Verlust des Weges.

2 ——— X *Die kleinen Dinge gut kontrollieren,*
um voranzukommen.

Die Umstände erlauben es nicht, auf einen Schlag aus der Gefahr herauszukommen. Geben Sie sich mit kleinen Erfolgen zufrieden. Die Zeit arbeitet für Sie.

3 — — X *Vorn und hinten - Abgrund neben Abgrund.*

In der gegenwärtigen Situation bedeutet jede Anstrengung nach vorn oder nach hinten, um herauszukommen, eine neue Gefahr. Handeln Sie nicht, warten Sie, bis die Gelegenheit da ist.

4 — — X *Mit dem Herzen durchdringt man den Geist.*

Wenn Sie in Gefahr sind, greifen Sie die Quelle des Bösen direkt an.

Eine andere Bedeutung: Vermeiden Sie in Gefahr alle Zeremonien und seien Sie immer ernsthaft und einfach, um die Menschen zu berühren, die zu überzeugen wichtig ist.

5 ——— X *Der Abgrund zu Füßen derer, die zu weit*
nach oben streben.

Die Zeit kommt heran, in der man aus der Gefahr herauskommt; es ist nicht der Augenblick, sich unnötig einem anderen Schicksalsschlag auszusetzen. Unternehmen Sie nichts Großes. Überwinden Sie die letzten Hindernisse, indem Sie Ihre Position festigen.

6 — — X *In Fesseln, am Boden des Abgrunds.*

Dieses Zeichen symbolisiert höchste Gefahr; es ist unmöglich, dem zu entgehen, denn das natürliche Rechtsempfinden hat Herz und Denken der Menschen verlassen. Das Orakel spricht sogar von der Möglichkeit einer Gefängnisstrafe.

30. LI

Das Feuer

oben das Feuer
unten das Feuer

INTERPRETATION

Symbol: Hier ist noch einmal ein doppeltes Symbol. Das Licht erhebt sich zweimal. Es breitet sich über die Welt der Menschen aus, nachdem es die Natur erleuchtet hat.

Allgemeine Bedeutung: Li ist das, was glänzt, was haftet. Wie das Feuer hat es keine feste Form, sondern es steigt zum Himmel und verbreitet Wärme und Helligkeit. Für Wilhelm verkörpert es die »Natur in ihrem Zusammenbruch«, d. h. die veränderte Natur, denn es entwickelt und vollendet das, an das es sich bindet. Angewendet auf den Menschen, erhebt es ihren Geist und ihr Herz und läßt sie dann dauerhaft glänzen.

Das ist das Hexagramm des Erfolgs, des Lichts. Man bewundert Sie für das, was Sie den anderen gegeben haben. Von dem Moment an, in dem Sie sich an die Helligkeit binden und in Harmonie leben – denn die beschriebene Situation steht nicht für sich allein –, wenn Sie sich innerlich kultivieren, bleibt das Glück erhalten, und Ihre Flamme wird lange brennen.

DIE LINIEN

1 ——— X *Steigendes Licht.*

Es ist die erste Stunde des Tages, aber schon ist die Aktivität ausgeprägt und ein wenig konfus. Es ist wichtig, sich nicht von der Hast antreiben zu lassen. Handeln Sie ruhig, bleiben Sie gefaßt, um die Dinge mit Klarheit anzugehen.

2 — — X *Goldenes Licht.*

Die Sonne scheint mit einem goldenen Licht. Das bedeutet die Harmonie, das Maß, die Schönheit der Kunst. Das Glück ist vollkommen. Höchstes Glück.

3 ——— X *Sich neigendes Licht.*

Das Ende des Tages. Die voraufgegangene Helligkeit wird schwächer, sie regt nicht mehr die Freude an, sondern die Traurigkeit. Die Situation wird schlechter, nehmen Sie Ihr Schicksal philosophisch hin, sonst werden Sie leiden, denn diese Voraussage ist sehr unglücklich.

4 ——— X *Das Licht glüht rot wie ein Meteorit.*

Dank Ihrer Klarsicht verändert sich die Situation auf einen Schlag. Aber passen Sie auf, daß es sich nicht um ein Strohfeuer handelt. Erhalten Sie Ihre Klarheit, indem Sie Ihre Kräfte erneuern, wenn Sie hart sein wollen.

5 — — X *Das innere Licht bringt den Erfolg.*

Indem Sie auf Furcht und Hoffnung verzichten, prüfen Sie die Lage mit doppelter Klarheit. Diese Haltung kann Sie dahin führen, den Daseinsgrund der Dinge zu betrachten. Selbst wenn es am Anfang Tränen gibt, reicht Ihnen das Glück die Hand.

6 ——— X *Die schlechten Angewohnheiten müssen ausgerottet werden.*

Sie haben die Mittel, eine ungesunde Situation zu verbessern. Tun Sie jedoch nicht zuviel, seien Sie tolerant, ändern Sie nur das Notwendige.

31. HIEN ䷞ oben der See

Der Einfluß/ Die Verlobung unten der Berg

INTERPRETATION

Symbol: Dieses Hexagramm wird traditionell als die Anziehungskraft des jungen Mädchens (Touei, der See) auf den jungen Mann (Ken, der Berg) gedeutet und dann als der Heiratsantrag oder die Verlobung. Das liegt an der ernsthaften Festigkeit des inneren Trigramms, das die Schwäche des oberen Trigramms anzieht und erregt; und dieses beantwortet fröhlich die Einladung, die es bekommt.

Allgemeine Bedeutung: Ganz allgemein bedeutet Hien einfach die Anziehungskraft oder die gegenseitige Beeinflussung.

Das Prinzip, das diese »Beeinflussung« bestimmt, neigt mehr zu der Ergänzung der Zuneigungen als zu ihrer Gleichheit. Die Anziehungskraft des Starken und des Schwachen, der äußerlichen Freude und der inneren Ruhe, des Wassers und der Luft, dessen, das tief ist, und dessen, das erhaben ist usw. Das ist das Geheimnis des Hexagramms; es personifiziert also die nützliche und dauerhafte Harmonie, die Einheit der wesentlichen Kräfte, die Eintracht, die sich auf natürliche Weise einstellt.

Natürlich ist es eine glückliche Voraussage; der wahrsagerische Spruch kündigt den Erfolg an dank einer nahen Verbindung oder eines »Einflusses«, der auf solider Grundlage steht. Es rät nur, sich immer aufnahmebereit zu geben – nicht um jeden Preis dominieren zu wollen –, damit man die Geschöpfe gut fühlt und offen bleibt für alle Ratschläge.

DIE LINIEN

1 — — X *Der Einfluß zeigt sich im Zeh.*

Es gibt nur einen Wunsch oder eine Möglichkeit, die aus dem »Einfluß« hervorkommt, aber es gibt im Augenblick kein sichtbares Ergebnis.

2 — — **X** *Der Einfluß zeigt sich in den Waden.*

Sie haben den Wunsch zu handeln, obwohl Sie dazu nicht bereit sind. Alle Voreiligkeit führt nur dazu, Sie in große Gefahr zu führen. Warten Sie, bis man Ihnen einen Rat gibt.

3 ——— **X** *Der Einfluß zeigt sich in den Oberschenkeln.*

Ihre Stimmung bringt Sie dazu, jemandem auf blinde und impulsive Weise zu folgen. Diese Art zu handeln ist nicht gut. Bremsen Sie Ihre Instinkte, wenn Sie Erniedrigung und Bedauern vermeiden wollen.

4 ——— **X** *Der Einfluß zeigt sich im Herzen.*

Der Platz des Herzens ist erreicht. Tiefe Gefühle, Bewegung; ein gegenseitiger Einfluß zeigt sich. Wenn das andauert, Erfolg. Der Egoismus kann jedoch diese Wirkungen stoppen und Ihre Freiheit beeinträchtigen.

5 ——— **X** *Der Einfluß zeigt sich im Nacken.*

Der Wille ist fest, der Einfluß führt zur Klarheit und zum wirkungsvollen Handeln. Glück.

6 — — **X** *Der Einfluß zeigt sich im Mund.*

Der Einfluß ist ohne Tiefgang und beschränkt sich auf Geschwätz. Er ist oberflächlich, beruht auf nichts, führt zu nichts.

32. HONG

Die Dauer/
Die Ehe

oben der Donner
unten der Wind

INTERPRETATION

Symbol: Der erwachsene Sohn ist oben, die älteste Tochter unten. Die Situation ist umgekehrt wie im vorigen Hexagramm. Da gab es die Anziehungskraft der Verlobten, hier handelt es sich um eine dauerhafte Bindung. Die normale Ordnung wird respektiert.

Allgemeine Bedeutung: In den sozialen Beziehungen stellt Hong die Ehe, die Dauerhaftigkeit einer Bindung, die eheliche Entwicklung der Verheirateten dar. Ganz allgemein hat es die Bedeutung von Dauer. Die beiden Trigramme, die es bilden, der Wind und der Donner, sind jedoch in Bewegung, man denkt hier also eher an dauerhafte Gesetze, an ein Fortbestehen in der Zeit als an etwas Strenges und Unbewegliches.

Damit es dauerhafte Harmonie gibt, ist diese Bewegung in der Wirklichkeit eine unverzichtbare Bedingung. Die Warnung des I Ging lautet, daß man die Routine vermeiden muß. Die Dauer muß ein Zustand der Veränderung sein, die sich ständig erneuert, und nicht Konservativismus und Unbeweglichkeit. Die Voraussage ist also glücklich, wenn man der Zeit entsprechend leben kann, wobei man seine Ziele und Prinzipien mit Ausdauer aufrechterhält. Es gibt Rückschritt, wenn die Situation zur Ruhe kommt.

DIE LINIEN

1 — — X *Wenn man zuviel wünscht, bekommt man nichts.*

Man kann etwas Dauerhaftes nur mit der Zeit aufbauen. Zuviel Eile führt zu nichts.

2 ——— X *Die Reue verschwindet.*

Ihre Wünsche übersteigen Ihre Möglichkeiten. Aber die Zeit ist günstig für Sie. Dadurch können Sie Ihre Situation erfolgreich in den Griff bekommen.

3 ——— X *Unausgeglichenheit führt zu Ungnade (oder Scheidung).*

Sie werden von verschiedenen Gefühlen der Angst und der Begierde bewegt. Ihr Handeln leidet darunter und führt zu keiner Beständigkeit. Finden Sie eine bessere innere Ausgeglichenheit, wenn Sie nicht schmerzhafte Erfahrungen machen wollen.

4 ——— X *Gehen Sie dorthin, wo es nötig ist.*

Die Situation ist untauglich. Suchen Sie nicht nutzlos die Dauer, wo es keine gibt. Sie verschwenden Ihre Kraft und Ihre Zeit ohne Ergebnis.

5 — — X *Jeder muß seiner Natur folgen.*

Die Situation ist günstig, wenn jeder seinen Platz einnimmt und sich entsprechend seinem Temperament und seiner Aufgabe anpaßt. Genau in diesem Fall ist der Mann oben, die Frau unten. Wenn der Mann sich herabbeugt, gibt es Unglück. In einer eher allgemeinen Situation verfehlen Sie Ihre Aufgabe, wenn Sie nur auf andere hören und ihnen folgen.

6 — — X *Die Unordnung verhindert jede Tiefe.*

Ihre Bewegungen sind nicht beherrscht; es gibt keine Richtlinie, weder innen noch außen. Wie wollen Sie zu dauerhaften Resultaten kommen? Suchen Sie die Stille, sonst ziehen Sie das Unglück an.

33. TOUEN
Der Rückzug

oben der Himmel
unten der Berg

INTERPRETATION

Symbol: Der Berg erhebt sich unter dem Himmel. Hier hat man zwei Bewegungen des Aufstiegs, aber die des Bergs endet schließlich, denn das liegt in seiner Natur, während die des Himmels sich ins Unendliche erstreckt.

Allgemeine Bedeutung: Der Sinn dieser Flucht des Himmels, der sich in dem Maß entfernt, wie der Berg sich erhebt, wird gedeutet als Zurückweichen, als Rückzug – der Himmel schützt sich, indem er die Entfernung sucht. Der Text des I Ging sagt deutlich, daß man die Art sehen muß, in der der edle Mensch sich das Vulgäre fernhält, das Bedeutung bekommt.

Die Voraussage ist günstig, denn hier findet der Rückzug freiwillig statt. Es ist ein Zeichen von Weisheit und Ausdehnung, nicht der Aufgabe. Angesichts einer feindlichen Situation schätzt der Mensch die gegenwärtigen Kräfte ein: wenn keine Chance besteht, ist der Rückzug die richtige Lösung. Der kann durchaus aktiv sein. Der Mensch muß fest bleiben und sich stärken, um sich auf den Gegenangriff vorzubereiten. Das gilt auch für Sie – wenn der Rückzug es Ihnen erlaubt, Ihre Kräfte für die kommenden Ereignisse zu bewahren, kann er nur wohltuend sein.

1 — — X *Sich schleppend zurückzuziehen, nützt gar nichts.*

Wenn man sich zurückzieht, muß man das im richtigen Augenblick tun! Wenn man zu spät reagiert, ist man immer noch bedroht. Unternehmen Sie nichts, bevor Sie nicht ganz geschützt sind.

2 — — X *Sie finden einen Verbündeten beim Rückzug.*

Sie ziehen sich zurück, indem Sie einer mächtigen, gerechten Person folgen. Wenn Sie sich an sie binden, haben Sie Erfolg, denn das ist der vernünftige Weg.

3 ——— X *Der unterbrochene Rückzug ist gefährlich.*

Trotz Ihres Willens, sich zurückzuziehen, hindern die Umstände Sie daran. Die Lage ist gefährlich, denn Sie sind Ihrer Handlungsfreiheit beraubt. Das verschafft Ihnen jedoch eher eine vorübergehende Unannehmlichkeit als größeren Ärger.

4 ——— X *Der freiwillige Rückzug schafft Glück.*

Man muß seine persönlichen Gefühle überwinden können, damit der Rückzug ein Erfolg wird. Wenn Sie Groll oder Haß bewahren, wird auch ein geordneter Rückzug zur Niederlage.

5 ——— X *Der freundschaftliche Rückzug.*

Wenn Sie den idealen Augenblick zum Rückzug wählen, findet der ohne Konflikte und in freundschaftlichen Formen statt. Man muß jedoch feste Entschlossenheit bewahren.

6 ——— X *Der fröhliche Rückzug.*

Der Rückzug, um den es sich hier handelt, ist mit einer inneren Lossagung verbunden. Der Weg ist so klar, daß man ihn mit heiterer Ruhe geht.

34. TA TCHOUANG

Die Macht des Großen

oben der Donner
unten der Himmel

INTERPRETATION

Symbol: Der Donner ist oben am Himmel, also ist er auf seinem Platz; seine Kraft kann sich in Harmonie mit der des Schöpfers bewegen und verdoppelt die Macht.

Allgemeine Bedeutung: Ta Tchouang ist vor allem das Hexagramm der Bewegung, der Macht der Kraft, der energischen Aktivität. Wenn sich eine Übereinstimmung mit der Natur der Dinge entwickelt, symbolisiert es außerdem die wahre Größe, die Macht des Großen. »Die Kraft ohne Ordnung und ohne Rechtschaffenheit ist nur Gewalt, wenn sie mit ihnen wächst, reicht sie an die Vollkommenheit heran«, sagt der Kommentar zu dem Bild.

Das Hexagramm drückt eine Zeit der großen Ausdehnung aus. Dank Ihres Willens und Ihrer inneren Kraft nehmen Sie einen steilen Aufstieg. Die Warnung lautet jedoch, daß man beharrlich bleiben muß – sich selbst besiegen, sich ständig fragen, was das richtige Tun ist, sich mit den anderen abstimmen –, damit die Macht nicht zu Beherrschung und Gewalt wird. Wenn Sie beharrlich an der Gerechtigkeit festhalten, können Sie große Dinge unternehmen.

DIE LINIEN

1 ——— X *Die Kraft auf dem unteren Platz.*

Eine große Macht kommt in Ihnen auf und wächst, aber die Umstände sind nicht so, daß Sie sie gebrauchen können. Das ist der gefährlichste Augenblick.

2 ——— X *Das Glück eröffnet sich angesichts der Kraft.*

Die Zeit der Ausdehnung und des Aufstiegs ist gekommen. Wenn keine Übertreibung vorkommt, ist die Voraussage günstig. Finden Sie Ihr inneres Gleichgewicht!

3 ——— **X** *Die Übertreibung der Kraft.*

Die Macht berauscht und stößt alles um, was sie auf ihrem Weg findet. Gefahr.

4 ——— **X** *Die Kraft befreit sich von Hindernissen und Bedauern.*

Die Kraft schreitet ruhig voran und verdrängt alle Widerstände. Je weniger Sie sie mißbrauchen, desto positiver sind ihre Wirkungen. Erfolg.

5 — — **X** *Nichts widersetzt sich mehr der Kraft.*

Alle Widerstände sind gefallen. Wenn Sie jetzt Toleranz und Sanftheit einsetzen, erreichen Sie Großes.

6 — — **X** *Die Kraft wagt sich zu weit vor.*

Ihre Eigensinnigkeit, die Kraft einzusetzen, verblendet Sie und bringt Sie in eine unüberwindliche Lage. Sie können nicht mehr vor und zurück. Es bleibt nur noch zu warten, daß die Dinge sich von allein arrangieren.

35. TSIN
Der Fortschritt

oben das Feuer
unten die Erde

INTERPRETATION

Symbol: Die Sonne löst sich über der Erde und erhebt sich in den Himmel.

Allgemeine Bedeutung: Es ist das Symbol des Fortschritts, des Wachstums, der Entwicklung der Zerstörung. Das Feuer kommt aus der Erde: durch seine innere Kraft befreit sich der Mensch von den materiellen Kräften ... Dann erhebt er sich in den Himmel: er verläßt dadurch seine vorherige Lage, um sich in aller Freiheit zu entwickeln, indem er seine wahre Natur zum Ausdruck bringt.

Die Voraussage hat die Bedeutung von großer Gunst, von Belohnung und von Ausstrahlung. Sie bedeutet auch erhaltene Ratschläge und einen hochgestellten Menschen, der großen Einfluß ausübt: einen Führer, dem man sich zum eigenen Guten anschließt, denn er ist der Motor des Fortschritts.

DIE LINIEN

1 — — X *Der Fortschritt wird »verzögert«.*

Die Bedingungen sind günstig für den Fortschritt. Aber Sie zögern, und es fehlt Ihnen Vertrauen, denn Sie fürchten durch das Unverständnis der anderen verletzt zu werden. Gehen Sie einfach voran, und alles verläuft gut.

2 — — X *Der Fortschritt ist langsam.*

Sie haben Schwierigkeiten, mit dem Menschen in Kontakt zu kommen, der Sie voranbringt, und die Lage verdunkelt sich. Aber auf lange Sicht erfahren Sie ein großes Glück, wenn Sie von ihm kommen, und Sie werden für Ihre Hartnäckigkeit belohnt.

3 — — X *Der Fortschritt liegt in der Übereinstimmung.*

Allein können Sie nicht an Ihr Ziel kommen, denn es fehlt Ihnen noch an Eigenständigkeit. Wenn Sie die notwendige Unterstützung finden, führen Ihre Anstrengungen zum Erfolg.

4 ——— X *Die Unbequemlichkeit des Fortschritts.*

Sie haben den Ehrgeiz, einen noch höheren Platz als Ihren jetzigen einzunehmen. Jede Ihrer Handlungen ist von diesem Gedanken bestimmt, den Sie sorgfältig verborgen halten. Indem Sie mit Hintergedanken und mit der Furcht, man könnte Sie bei hellem Tageslicht entdecken, handeln, schaffen Sie eine Situation, deren Unannehmlichkeit offensichtlich ist.

5 — — X *Der vor allem Tadel geschützte Fortschritt.*

Die Umstände sind ganz und gar günstig für Sie. Wenn Sie Ihre Macht nicht mißbrauchen und sich nachgiebig und uneigennützig zeigen, haben Sie bei Ihren Unternehmungen Erfolg.

6 ——— X *Der äußerste Grad des Fortschritts.*

Sie haben die Neigung, mit übertriebener Aggressivität und Härte zu handeln. Beides ist nicht gerechtfertigt; beherrschen Sie diese Neigungen, sonst bringen Sie Ihnen Erniedrigung.

36. MING YI ䷣ oben die Erde

Die Verdunkelung des Lichts unten das Feuer

INTERPRETATION

Symbol: Die Sonne stellt sich unter die Erde. Die Situation ist umgekehrt wie im vorigen Hexagramm. Ein Fortschritt, dessen Festigung schwierig ist*.

Allgemeine Bedeutung: Das Licht ist verborgen, Sie gehen durch eine schwierige Zeit (das Hexagramm hat manchmal die Bedeutung von Verletzung, von ärgerlichen Unfällen), die durch die ungünstigen Umstände hervorgerufen ist (eine zweifelhafte Umgebung) oder von Umständen, die unabhängig sind von Ihrem Tun. In so einem Augenblick kann man unglücklicherweise nicht viel machen. Man muß die Unklarheit akzeptieren und seinen Willen intakt halten. Sich gedulden können. Zurückhaltend und äußerlich umgänglich bleiben, um die Situation nicht zu verschlimmern. Seine Gefühle vorübergehend zum Schweigen bringen und sich wohl all dessen bewußt sein, was passiert. Das einzige Licht kann aus dem Inneren kommen.

DIE LINIEN

1 ——— X *Der »verletzte« Mensch fliegt davon.*

Das ist der Beginn der Trübung. Sie wollen die Schwierigkeiten überwinden, aber Sie werden von allen Seiten angegriffen. Nicht verstehend, wohin Sie gehen, redet man Ihnen übel nach. Bleiben Sie fest in Ihrem Entschluß, denn bald werden alle die Gefahr sehen.

---

* Nach Yüan Kuang verbinden die taoistischen Mönche mit diesem Hexagramm eine »satanische« Bedeutung von außerordentlicher Macht. Es steht im Zusammenhang mit den Symbolen des kosmischen Einsturzes und der Regeneration.

2 — — X *Der leicht »verletzte« Mensch.*

Die Umgebung schadet allem, was Sie tun, und Sie können es nicht vermeiden, verletzt zu werden. Eine Erleichterung ist dennoch möglich, wenn Sie mit Selbstlosigkeit reagieren, indem Sie sich mit anderen Menschen verbinden, die so denken wie Sie.

3 ——— X *Der Mensch geht gegen die Finsternis vor.*

Sie sind in der Lage, das Böse zu unterdrücken. Erfolg. Aber reformieren Sie klug.

4 — — X *Die Finsternis erreicht das Herz.*

Man kann auf keine Verbesserung hoffen. Setzen Sie sich ab, verlassen Sie den Ort des Unglücks, solange Sie noch die Möglichkeit dazu haben.

5 — — X *Würde der Mensch sprechen, würde er verletzt.*

Wie auch immer der Kummer und die Sorgen sind, machen Sie nicht deutlich, was Sie wissen. Nehmen Sie eine feste Haltung nach außen ein und eine nachgiebige nach innen. So können Sie der Gefahr entkommen.

6 — — X *Die Finsternis ist auf ihrem Höhepunkt.*

Die Finsternis nimmt alles ein, sie vernichtet alles Licht. An diesem Punkt wird sie sich schließlich selbst zerstören.

37. KIA JEN ䷤

Die Familie

oben der Wind
unten das Feuer

INTERPRETATION

Symbol: Der Wind tritt aus dem Feuer hervor; die Wärme schafft die Kraft innen und kommt nach draußen, wo sie handelt.

Allgemeine Bedeutung: Kia Jen ist das Hexagramm der Familie, genauer, es stellt die Regeln dar, die diese im Inneren bestimmen. Es hat eine entscheidende Bedeutung für die Chinesen, denn bei ihnen heißt es, wenn man seine Familie lenken oder sich nach ihrer herrschenden Ordnung verhalten kann, ist es dasselbe wie eine Gemeinschaft zu lenken und sich in ihr richtig zu verhalten. Dieselben Eigenschaften sind gefragt; dieselben Gesetze gelten, ob es sich nun um die familiären oder ganz allgemein um die gesellschaftlichen Beziehungen handelt.

Die hier vorherrschende Idee ist die: wenn alles an seinem Platz ist, wenn jedes Familienmitglied sich an seine Rolle hält, gibt es Harmonie, und die schafft Kraft. Vereint kann diese Kraft sich allen äußeren Schwierigkeiten entgegenstellen (s. Absatz Symbol oben). Der Zusammenhalt der Familie beruht auf der Einheit der Eheleute (Linie 5 – der Mann, Linie 2 – die Frau). Die Festigkeit und das Verständnis des Vaters vereint mit der Gleichmäßigkeit und der Ausgeglichenheit der Mutter sorgen dafür, daß Ordnung herrscht. Wenn die gesichert ist, stellen sich alle anderen familiären Beziehungen – Vater/Sohn, Bruder/Schwester, Mutter/Tochter usw. – von allein ein und können außen wirken.

DIE LINIEN

1 ——— **X** *Von Anfang an muß man die Rangordnung deutlich machen.*

Die Verantwortung für eine Familie oder eine Gemeinschaft erfordert eine feste Haltung. Von Anfang an muß jeder wissen, welches die Spielregeln sind und welchen Platz er einnimmt. Wenn Sie zögern, Autorität zu beweisen, verlieren Sie das Vertrauen Ihrer Umgebung.

2 — — **X** *Der Erfolg stellt sich durch Sanftheit ein.*

Die gewalttätige Autorität ist unfähig, den Zusammenhang hier aufrechtzuerhalten. Es ist die Frau, die durch ihre Gleichmäßigkeit und ihre Ausgeglichenheit Glück in die Familie bringt. Die Voraussage ist also günstig für die, die dem sanften Weg folgen, und für die Frauen im allgemeinen.

3 ——— **X** *Sie müssen sich jeder Situation anpassen.*

Zwischen einer äußersten Strenge und der Nachlässigkeit muß ein richtiger Mittelweg gefunden werden. Jede Situation verlangt eine angemessene Antwort.

4 — — X *Der Reichtum kommt von der Mutter.*

Alles ist an seinem Platz. Eine demütige und ausgeglichene Haltung bringt Glück. Erfolg.

5 —— X *Der Reichtum kommt vom Vater.*

Das Vertrauen und die Liebe prägen die Beziehungen. Ihr innerer Reichtum ruft auf natürliche Weise Respekt hervor und erlaubt es, sich einer äußeren Situation entgegenzustellen. Erfolg.

6 —— X *Nehmen Sie spontan Ihre Verantwortung auf sich.*

Letzten Endes beruht die richtige Ordnung auf der Autorität. Wenn diese begleitet ist von Ernsthaftigkeit und innerer Gerechtigkeit, kann der Weg dauerhaft sein. Erfolg.

38. K'OUEI
Der Gegensatz

oben das Feuer
unten der See

INTERPRETATION

Symbol: Die Flamme des Feuers steigt, während das Wasser unten eindringt. Ihre Bewegungen gehen in entgegengesetzte Richtungen.

Allgemeine Bedeutung: Die Bedeutung von K'ouei ist die Uneinigkeit, die Trennung, die Unterschiedlichkeit. Man hat es mit zwei Willen zu tun, die sich frei ausdrücken und nicht übereinstimmen. Jeder hat jedoch seinerseits die Möglichkeit, sich zu »verwirklichen«: wie das Wasser und das Feuer, selbst wenn sie am selben Platz sind, sich nicht vermischen, bewahrt jeder Wille seinen eigenen Charakter, wie auch immer die Umstände sein mögen, denn ihre Natur ist unterschiedlich.

Die beschriebene Situation könnte eine Feststellung sein: man braucht von allem etwas, um eine Welt zu schaffen. Die Vielfalt der Meinungen und Charaktere macht in der Wirklichkeit den Reichtum aus. Jedoch, wenn man etwas unternimmt, ist diese Vielfalt eine Bremse; in der Uneinigkeit ist es schwierig, ein Werk von großer Bedeutung zu vollenden.

Die Voraussage ist weniger kraftvoll als die von Hexagramm 6, dem Konflikt, denn hier gibt es keine Gewalttätigkeit und keine Zerstörung (die beiden Trigramme Li und Touei sind Yin), aber die Warnung liegt darin, daß es besser ist, sich auf kleine Handlungen zu beschränken. Bei allen Gelegenheiten muß man den Unterschied (Linie 1) zu respektieren wissen und seine eigenen Eigenschaften bewahren.

DIE LINIEN

1 ——— X *Das Pferd, das sich verirrt, kommt von allein in den Stall zurück.*

In einer Zeit des Widerstands die Härte anwenden, um mit Gewalt Einigkeit zu schaffen, führt notwendigerweise zu Schmerzen. Seien Sie tolerant, geduldig, die Dinge werden schon zu ihrer Zeit.

2 ——— X *Verschanzen Sie sich nicht in Ihrer Ecke.*

Nach einem Mißverständnis gibt es eine Trennung zwischen zwei nahestehenden Menschen. Ein zufälliges Treffen kann die Gelegenheit zur Versöhnung sein.

3 — — X *Ein ärgerlicher Anfang kann ein gutes Ende finden.*

Sie fühlen sich isoliert, alles ist gegen Sie. Bleiben Sie ruhig, die Hilfe eines Freundes hilft Ihnen aus der unverdienten Lage heraus.

4 ——— X *Die Gemeinsamkeit macht den Triumph möglich.*

Von den anderen entfernt, weil Sie deren Überzeugungen nicht teilen, finden Sie einen Freund, der in derselben Lage ist. Gemeinsam triumphieren Sie über die Isolation.

5 — — X *Treffen Sie die anderen.*

Eine Person bahnt sich ihren Weg zu Ihnen. Es ist Ihre Aufgabe, sie zu treffen und ihr zu helfen. Eine tiefe Freundschaft kann entstehen und zum Glück führen. Zögern Sie nicht, etwas zu unternehmen.

6 ——— X *Der Widerstand macht der Eintracht Platz.*

Ein Mißverständnis und ein falsches Urteil lassen Sie glauben, daß ein Freund Sie ärgern will, und das verursacht Isolierung. Aber

diese Person meint es ernst und will nur Ihr Gutes. Wenn Sie Ihren Fehler einsehen, würde das Ihr Leben verändern.

39. K'IEN — Das Hindernis

oben das Wasser
unten der Berg

INTERPRETATION

Symbol: Oben ist das Wasser, unten der Berg. Vorn ein gefährlicher Abgrund, hinten ein unüberwindlicher Gipfel.

Allgemeine Bedeutung: Man ist von Hindernissen umgeben. Wenn man nach vorn geht, begibt man sich in Gefahr, wenn man nach hinten geht, wird man unbeweglich. Das Hexagramm zeigt also ein Anhalten an, die Unmöglichkeit, sich ohne Risiko zu bewegen. Es ist daher wichtig, ein Mittel zu finden, mit dem man indirekt die Hindernisse überwindet – das ist die Bedeutung aller Sätze der Linien.

In so einer Situation besteht die richtige Haltung darin, die Gefahr vorauszusehen, für die notwendige Zeitdauer anzuhalten, die notwendigen Quellen in sich auszuschöpfen. Es nützt nichts, über sein Schicksal zu weinen, man muß die Ursachen der Schwierigkeiten finden und nach seinen eigenen Fehlern suchen. Wenn Sie schon mitten in der Gefahr stecken, brauchen Sie vielleicht auch eine Unterstützung. Lehnen Sie also nicht die Hand ab, die man Ihnen hinstreckt. Schließlich sollen Sie wissen, daß die Überwindung der Hindernisse die Gelegenheit sein kann, die anderen besser kennenzulernen und sich selbst innerlich zu bereichern.

DIE LINIEN

1 — — X *Wenn er vorangeht, begegnet er*
der Schwierigkeit.
Bleibt er unbeweglich, erhält er Lob.

Die Situation genau zu prüfen, erlaubt es, den besten Augenblick zum Handeln zu finden. Gehen Sie vor einem Hindernis nicht blind nach vorn.

2 — — X *Er trifft auf ein Hindernis nach dem anderen.*

In bestimmten Fällen kann man nicht um das Hindernis herumgehen, dann muß man seine Verantwortung auf sich nehmen und sich ihm entgegenstellen. Das ist hier Ihre Situation. Selbst wenn Sie direkt in noch größere Schwierigkeiten geraten, können Sie sich keinen Vorwurf daraus machen.

3 ——— **X** *Er erlangt den Frieden, wenn er zurückkommt.*

Die Situation hier ist umgekehrt wie die voraufgehende. Sie sind nicht allein. Sie haben die Verantwortung für verschiedene Personen, und Sie können sie in die Gefahr hineinziehen. Das beste ist, kämpfend den Rückzug anzutreten und in ihrer Gesellschaft zu warten.

4 — — **X** *Beim Warten findet er die Einigkeit.*

Allein können Sie den Schwierigkeiten nicht gegenübertreten. Seien Sie sich dessen jetzt bewußt und sammeln Sie um sich herum die notwendige Unterstützung. Einigkeit macht stark.

5 ——— **X** *Dank der Einigkeit kommt er voran.*

Sie sind aufgerufen, die Lage wieder in Ordnung zu bringen. Ihre Position erlaubt es Ihnen, die Hilfe und die Mitwirkung wirklicher Freunde zu bekommen und ihre Anstrengungen sinnvoll zu konzentrieren. Die gegenseitige Hilfe führt zum Erfolg.

6 — — **X** *Die Erfahrung der Weisheit sichert den gemeinsamen Erfolg.*

Die Gleichgültigkeit gegenüber der Situation und Ihre innere Freiheit machen es Ihnen möglich, alle Schwierigkeiten zu überwinden. Bleiben Sie nicht in Ihrem Elfenbeinturm, wenn man Sie und Ihre Erfahrung braucht.

40. HIAI

Die Befreiung

oben der Donner
unten das Wasser

INTERPRETATION

Symbol: Der Donner steigt aus dem Wasser auf, das ist das Bild der Bewegung, die es erlaubt, sich von der Gefahr zu entfernen.

Allgemeine Bedeutung: Hiai ist das Hexagramm der Befreiung. Wie das Gewitter, das die Luft reinigt, kündigt es eine Zeit an, in der die Sorgen und die Schwierigkeiten sich glätten.

Der Mensch befreit sich und findet seine volle Handlungskraft wieder. Wenn er nichts zu tun hat, kehrt er zum Zustand der Harmonie zurück, wie er ihn vorher erlebt hat, aber er darf sich nicht übermäßig freuen, denn er muß seine Position sichern. Wenn er etwas zu tun hat, dann bringt er die Dinge mit Ruhe und Toleranz in Gang. Er muß entschlossen handeln, um die Hindernisse endgültig loszuwerden, aber ohne Hast. Hiai ist die Zeit der Reform, nicht der Revolution; sie muß schonend ablaufen, wobei die Fehler vermieden werden. Da die Ärgernisse zurückliegen, gibt es keinerlei Grund, sich neue zu schaffen.

DIE LINIEN

1 — — **X** *Die Rückkehr zur Ruhe.*

Die Schwierigkeiten verschwinden. Die Weisheit gebietet es, wieder Kräfte zu sammeln, bevor irgend etwas unternommen wird.

2 ——— **X** *Vorsicht vor den Listen des Gegners.*

Wenn eine Drohung besteht, muß man sich ihrer bewußt sein. Hüten Sie sich vor Ratschlägen, die man Ihnen gibt, denn die Befreiung ist im Gang, aber noch nicht vollendet. Bleiben Sie hartnäckig, die Voraussage ist günstig für Sie.

3 — — **X** *Ihre neue Verantwortung triumphiert über die Bescheidenheit.*

Die Lage hat sich plötzlich verbessert, aber Sie selbst haben sich nicht geändert. Durch Ihren Hochmut und Ihre Arroganz ziehen Sie das Unglück auf sich.

4 ——— **X** *Wählen Sie Ihre Freunde mit Bedacht aus.*

Um sich zu befreien, muß man frei handeln. Achten Sie darauf, daß Ihre gesamte Umgebung des Vertrauens würdig ist, sonst schleicht sich das Mißtrauen ein. Fürchten Sie nicht, die zu entfernen, an die Sie kein Vertrauen bindet.

5 — — X *Der ernsthafte Mensch entfernt die gewöhnlichen Menschen.*

Glückliche Voraussage. Die Befreiung ist da. Die Personen, deren Einfluß unheilvoll schien, ziehen sich von allein zurück angesichts Ihrer inneren Kraft.

6 — — X *Das »Ende« rechtfertigt eine feste Entscheidung.*

Eine negative und machtvolle Person (ohne Kraft) erhebt sich wie eine letzte Festung, um Hindernis bei der Befreiung zu sein. Lassen Sie nicht nach in Ihrer Anstrengung, nutzen Sie alle verfügbaren Mittel, um sie zu beseitigen.

41. SOUEN

Die Verringerung

oben der Berg
unten der See

INTERPRETATION

Symbol: Der See hat die Heiterkeit und den fröhlichen Antrieb als Bild. Indem er aufsteigt, kondensiert er und bereichert die strenge Kraft des Berges. Gleichzeitig wird er kleiner.

Allgemeine Bedeutung: Souen ist das Hexagramm der Verkleinerung, der Verringerung. Man beobachtet einen Verlust von Energie von einem Trigramm zum anderen, eine Zeit der allgemeinen Verlangsamung in den materiellen Aktivitäten ist angezeigt.

Die Voraussage ist dennoch nicht zwangsweise negativ, denn sie ist Teil eines Zyklus – Rückschritt/Ausdehnung – und gehorcht dem universellen Gesetz der Welt. »Was voll ist, leert sich, was leer ist, füllt sich.« Die Verringerung der körperlichen und äußerlichen Aktivität (unteres Trigramm) kann zum Nutzen der geistigen Aktivitäten (oberes Trigramm) sein. Sie drängt zurück, was überflüssig ist, um zum Gleichgewicht zu kommen. Wenn Sie es so akzeptieren, mit Einfachheit und mit dem Verständnis, daß Sie zu Ihren sicheren Werten zurückkehren müssen, ist die Voraussage glücklich. Wenn Sie dagegen Bitterkeit darin entdecken oder die Übertreibung der Verringerung nicht meistern, kann sie sich als gefährlich herausstellen. Eine falsche Haltung wäre es auch, die Wahrheit zu verbergen und vor den anderen Ihre wirkliche Situation zu verstecken.

DIE LINIEN

1 ——— **X** *Man muß den anderen mit Takt zu helfen wissen.*

Anderen zu helfen ist immer verdienstvoll. Aber es ist angebracht, gut zu überlegen, bis zu welchem Punkt man gehen kann, ohne Scham hervorzurufen oder die Empfindlichkeiten zu treffen. Mit Takt ist die Hilfe am wirksamsten.

2 ——— **X** *Helfen Sie den anderen, ohne sich selbst herabzusetzen.*

Sich zu schwächen, indem man gegen seine Überzeugungen handelt, selbst wenn es zum Vorteil des anderen ist, kann keine dauerhafte Hilfe liefern. Bewahren Sie Ihre Integrität oder greifen Sie nicht ein.

3 — — **X** *Die Einheit entsteht durch das Paar.*

Die Voraussage warnt hier, daß die Zahl drei eine Unordnung darstellt. Wenn drei Männer zusammen handeln, gibt es Mißtrauen. Einer muß gehen, um die Einheit des Handelns zu retten. Aber, fügt die Sentenz hinzu, jede einzelne Person wird einen Begleiter finden, der sie ergänzt.

4 — — **X** *Die Fehler verringern läßt die Freundschaft entstehen.*

Bestimmte Personen mögen zögern, zu Ihnen zu kommen. Wenn das der Fall ist, suchen Sie die Ursache in Ihrer Haltung und nicht im Inneren. Das kann Ihnen nur guttun.

5 — — **X** *Glück und Reichtum kommen zu Ihnen.*

Sie erfreuen sich der Hilfe aller Menschen genauso wie des Beistands des Himmels. Sie sind für das Glück bestimmt.

6 ——— X *Tun Sie etwas zum Wohle des anderen.*

Wenn das Wachsen Ihrer »Macht« nicht die Verringerung des anderen bedeutet und wenn es zum Wohle aller stattfindet, wird Ihre Arbeit von Erfolg gekrönt. Sie erhalten die notwendigen Hilfen.

42. YI

Die Zunahme

oben der Wind
unten der Donner

INTERPRETATION

Symbol: Die Bewegung des Windes verstärkt die des Donners. Die beiden Erscheinungen steigern sich gegenseitig.

Allgemeine Bedeutung: Die Zunahme kündigt eine Zeit großen Reichtums an. Es ist gut, große Entscheidungen zu treffen, sich zu bewegen, etwas zu unternehmen. Selbst in einer unsicheren Lage muß man den Schritt nach vorn nicht fürchten.

Diese Voraussage ist unter allen Umständen günstig, denn Yi beschreibt einen Zustand, in dem das Hohe dem Niedrigen hilft. Es ist der Mensch, der sich bessert, der wächst zum Wohl und zum Glück aller. Wie der Wind, der dem Donner hilft, hat er den Gedanken an eine gegenseitige Stärkung, ein gegenseitiges Wachsen. Wenn er das Gute sieht, läßt er es wachsen; wenn er das Schlechte sieht, verbessert er es in sich selbst und draußen. Aber er muß handeln, ohne Zeit zu verlieren, denn die Zunahme dauert nicht ewig; man sollte von ihr profitieren, wenn sie da ist.

DIE LINIEN

1 ——— X *Der Mensch vollendet wichtige Angelegenheiten.*

Die Zeit ist sehr günstig für Sie. Handeln Sie, verwirklichen Sie Ihre Pläne. Glück.

2 — — X *Der Mensch vervollkommnet sich und erhält notwendige Unterstützung.*

Indem Sie in Übereinstimmung mit sich selbst sind, verwirklichen Sie spontan, was Sie angefangen haben, und Sie erhalten die Unterstützung von anderen. Sie bekommen Gelegenheit zu wachsen, aber behalten Sie einen kühlen Kopf.

3 — — X *Der Mensch wird durch unglückliche Erfahrungen bereichert.*

Der, der die Kraft der Wahrheit besitzt, triumphiert auch in einer sorgenvollen Zeit. Wenn Sie für das Gute handeln, wendet sich jede Situation zu Ihrem Vorteil. Erfolg.

4 — — X *Der Mensch dient als Vermittler.*

Sie befinden sich in der Nähe einer wichtigen Persönlichkeit und dienen ihr als Ratgeber. Seien Sie ernsthaft, und Ihre Verbindung kommt zum Erfolg. Je größer die zu treffenden Entscheidungen sind, desto mehr sind Sie dazu bestimmt, Einfluß zu nehmen.

5 — — X *Der uneigennützgie Mensch verbreitet Freude.*

Sie erfreuen sich des Vertrauens der anderen und verbreiten Wohltat und Glück. Die Voraussage ist ganz und gar glücklich.

6 ——— X *Der Mensch scheitert, weil sein Wunsch maßlos ist.*

Sich zu erheben, sich zu weigern, den anderen zu helfen, und nur noch an sein eigenes Wohlbefinden zu denken, schafft Isolation. Das ist das Risiko, dem Sie sich aussetzen. Wenn Sie bei Ihrem Egoismus bleiben und Ihrem Stolz, entstehen daraus heftige Widerstände.

43. KOUAI — oben der See
Der Entschluß — unten der Himmel

INTERPRETATION

Symbol: Zwei Symbole müssen hier angemerkt werden: das Wasser des Sees, das sich in den Himmel erhebt, und die fünf positiven Anzeichen (Yang-Linien), die aufsteigen und die einzige negative Linie jagen.

Das erste läßt den Gedanken an eine Kraft aufkommen, die zusammenzubrechen droht: zuviel in einer Wolke gesammeltes Wasser, bereit zum Bersten. Das ist die Warnung, daß ein brutaler Einsturz stattfinden kann.

Das zweite weist auf die positive Kraft des Guten hin, die über das Unglück triumphiert. Der Weg des edlen Menschen bestätigt sich, der des niederen Menschen löscht sich aus.

Allgemeine Bedeutung: Dieses Hexagramm ist nicht an eine bestimmte Situation gebunden. Die Voraussage ist weder glücklich noch unglücklich, sondern sie ist wie eine Warnung. Zu viele angesammelte Spannungen, zuviel Macht oder zu viele Güter, vereinigt bei einer einzigen Person, drohen alle ihre Pläne zum Einsturz zu bringen und ihre Position auf ein Nichts zurückzuführen (erstes Symbol).

Aber es ist noch Zeit zum Reagieren. Der weise Mann sieht die Warnung; wer sie nicht bemerkt, verschwindet (zweites Symbol). Um den Einsturz zu vermeiden, hat der Mensch hier nur ein Mittel: verhindern, daß die Ansammlung über das Maß hinausgeht. Entsprechend dem Fall muß er also seine Macht delegieren, seinen Reichtum verteilen, darauf achten, daß die Harmonie sich in ihm und in seinen Beziehungen mit den anderen einstellt. Die gute Entscheidung treffen und sich mit Entschlossenheit daran halten, das ist der Sinn des Hexagramms.

DIE LINIEN

1 ▬▬▬ **X** *Die Kraft muß zurückgehalten werden und darf nicht über ihr Ziel hinausschießen.*

Hier besteht das Risiko, daß es zuviel Positives gibt, d. h. daß man sich von seinem Schwung mitreißen läßt. Wenn Sie einen Plan in Angriff nehmen, der Ihnen am Herzen liegt, richten Sie sich auf kurzfristige Ziele aus. Engagieren Sie sich nicht weiter als bis dahin, wo Sie sich des Erfolgs sicher sein können.

2 ▬▬▬ **X** *Der Entschluß ist untrennbar von der Voraussicht.*

Auf alle Fälle vorbereitet, können Sie ohne Furcht vorangehen. Ihre Position ist ausgezeichnet, wenn Sie aufmerksam und entschlossen bleiben.

3 ——— X *Sich selbst treu, erträgt der Mensch Gerüchte.*

Sie handeln allein, und niemand versteht Ihre Haltung. Indem Sie sich weigern, sich den anderen anzuschließen, täuscht man sich und beurteilt Sie, ohne Ihren tiefen Überzeugungen Rechnung zu tragen. Was soll es! Bleiben Sie trotz der Gerüchte ungerührt.

4 ——— X *Widersetzen Sie sich nicht eigensinnig.*

Das Zögern und die innere Unausgeglichenheit erlauben es nicht, einen Plan zu Ende zu führen. Widersetzen Sie sich nicht eigensinnig, hören Sie auf Ratschläge. Indem Sie um jeden Preis vorankommen wollen, laufen Sie direkt in die Schwierigkeiten.

5 ——— X *Lassen Sie sich nicht von Ihrem Weg abbringen.*

Der Kampf, in den Sie verwickelt sind, ist lang und erfordert Energie. Lassen Sie nicht die Entmutigung die Oberhand gewinnen. Bleiben Sie entschlossen, nur so vermeiden Sie Kummer.

6 — — X *Der Triumph des Guten über das Böse.*

Der Weg der Gerechtigkeit setzt sich durch. Vernachlässigen Sie aber nichts, in dem Moment entsteht die Gefahr, denn alles erscheint zu einfach, und Ihre Aufmerksamkeit läßt nach.

44. KEOU

Das Zusammentreffen

oben der Himmel
unten der Wind

INTERPRETATION

Symbol: Im voraufgehenden Hexagramm (Nr. 43) wurde das dunkle, weibliche Element nach oben getrieben. Hier kommt es von unten zurück (Linie 1) und dringt in das Positive des Hexagramms ein.

Allgemeine Bedeutung: Das Zusammentreffen wird illustriert durch das weibliche Element, das sich selbst dem männlichen anbietet (es gibt eine Bedeutung von der sexuellen Bindung eines jungen Mädchens, das sich den Männern hingibt, von einer Einheit zwischen dem, das unten ist, und dem, das oben ist). Die Voraussage ist nicht besonders günstig, denn das dunkle (schädliche) Element, schwach am Anfang, gewinnt an Bedeutung und vergiftet nach und nach die Lage. Der Wind unter dem Himmel (Bild der Trigramme) bestätigt diese Neigung; er dringt in alle Dinge ein und stürzt, was im Weg ist.

Die Warnung lautet also, dieser schädlichen Kraft zu widerstehen, mit Vorsicht zu handeln, unerwarteten Zusammentreffen zu mißtrauen, genau wie den »guten« Dingen, die durch Zufall auftauchen. Verschwenden Sie nicht Ihre Zeit und Ihre Kraft mit dem, was Ihnen zweifelhaft erscheint. Versuchen Sie lieber, eine Person zu finden, die Ihre Prinzipien teilt.

DIE LINIEN

1 — — X *Am Anfang ist es einfacher, seine wahre Natur zu verbergen.*

Das negative Element tritt auf. Nehmen Sie es nicht leicht, selbst wenn es zunächst unbedeutend erscheint. Entfernen Sie es sofort, denn wenn es sich entwickelt, führt es zu Kummer.

2 —— X *In Freiheit gelassen, bindet es sich zu seinem Unglück.*

Sie sind nur von sich selbst abhängig und kontrollieren die negativen Kräfte, die in Ihnen sind. Aber Vorsicht! Sie könnten beim Kontakt mit anderen Personen erwachen.

3 —— X *Wenn man sich an die Gefahr erinnert, vermeidet man den Fehler.*

Die Umstände haben Sie daran gehindert, das Treffen zu verwirklichen, das Sie aus Opportunismus provozieren wollten. Ziehen Sie daraus eine Lehre, so vermeiden Sie einen schweren Fehler.

4 —— X *Es gibt keine Fische im Weiher.*

Sie haben sich von den anderen entfernt, und jetzt, da Sie sie treffen möchten, wenden sie sich von Ihnen ab. Dafür können Sie nur sich selbst Vorwürfe machen.

5 ——— X *Der Mensch erhält den Beistand des Himmels. Erfolg.*

Weil Sie die notwendige, richtige Haltung einnehmen, bekommen Sie schließlich das Zusammentreffen, das Sie sich wünschen. Damit kommen auch Kraft und Glück.

6 ——— X *Ihre Natur entfernt Sie von den Zusammentreffen.*

Wenn Sie einen Rückzug machen und nicht die Freunde entmutigen wollen, die Sie sehen möchten, passen Sie auf, nicht hochmütig und unzugänglich zu sein, denn derjenige, der sich von der Aufregung der Welt zurückzieht, wird oft falsch verstanden.

45. TS'OUEI

Die Vereinigung

oben der See
unten die Erde

INTERPRETATION

Symbol: Im Hexagramm 8 war das Wasser oberhalb der Erde, es symbolisierte die Solidarität. Hier ist der See oberhalb der Erde; der See ist der Ort, in dem sich die Wasser sammeln, der Gedanke an das Zusammenkommen wird hier noch verstärkt.

Allgemeine Bedeutung: Das Hexagramm hat die Bedeutung von Einheit auf einer noch größeren Ebene als der der Familie oder der Sippschaft. Die wahrsagerische Sentenz verkündet den Erfolg, denn der Mensch, der sich einer Gruppe anschließt, hat Vorteile durch die Unterstützung aller. Solide Bindungen entstehen. In der Gruppe finden Sie eine moralische Kraft und die Antwort auf Ihr Zögern.

Die Verwirklichung einer solchen Vereinigung erfordert einen Gedankenaustausch, Opfer und die Anwesenheit eines Führers. Wenn Sie der Gruppe einen Teil Ihres Lebens widmen, werden Sie voll darin aufgehen. Vor allem der Zusammenhalt bereichert eine Gemeinschaft. Sie müssen sich daher auf jedes unerwartete Ereignis einrichten und es in Frage stellen können. Der Führer ist der Garant des Zusammenhalts, aber jeder muß aufpassen, daß gutes Einverständnis herrscht und daß kein Konflikt ausbricht. Festigen Sie

Ihre Bindungen, sammeln Sie Ihre Kräfte, bereiten Sie sich auf alles Unvorhergesehene vor – das sind die drei Dinge, die die Situation erfordert, um wohltuend zu sein.

DIE LINIEN

1 — — X *Wählen Sie weise Ratschläge.*

Der Druck Ihrer Umgebung läßt Sie zögern, sich einer Gruppe anzuschließen, zu der Sie sich hingezogen fühlen. Wenn Sie eine umsichtige Person um Rat fragen, wird Ihre Verwirrung ein Ende haben.

2 — — X *Indem er sich integriert, hat der Mensch Erfolg.*

Die Lage ist der Veränderung unterworfen. Lassen Sie sich auf natürliche Weise und mit Ernsthaftigkeit durch die Anziehungskraft leiten, die Sie unter Beweis stellen. Drängen Sie die Kräfte zurück, die Sie an Ihre Vergangenheit binden.

3 — — X *Vereinigung unter Seufzern.*

Der Fortschritt liegt vor Ihnen, aber Sie schaffen es nicht, voranzukommen und sich den Menschen anzuschließen, denen Sie sich anschließen sollten. Es ist eine schwierige Klippe; wagen Sie es, die erforderlichen Entscheidungen zu treffen.

4 ——— X *Vereinigung in der Einigkeit. Erfolg.*

Sie nehmen einen Platz nahe der Mitte (Linie 5) ein. Indem Sie für die Gruppe arbeiten, ohne an sich selbst zu denken, erreichen Sie den großen Erfolg.

5 ——— X *Das Vertrauen ist die Grundlage jeder Einheit.*

Wenn Sie glauben, daß bestimmte Personen nicht ehrlich zu Ihnen sind, bringen Sie das klar zum Ausdruck, um die Dinge wieder zurechtzurücken. Lassen Sie Ihre Beziehungen nicht schlechter werden.

6 — — **X** *Die unerkannte Traurigkeit kommt bei der Gruppe nicht an.*

Wenn Sie den Trost Ihrer Freunde brauchen, haben Sie keine Angst, den ersten Schritt zu tun. Die umgekehrte Haltung würde Tadel einbringen.

46. CHENG

Der Drang nach oben

oben die Erde
unten der Wind/das Holz

INTERPRETATION

Symbol: Das Holz kommt aus der Erde hervor, wächst und wird durch sie größer.

Allgemeine Bedeutung: Es ist das Hexagramm des Wachstums, der Erhebung, des Aufstiegs. Anders als beim Fortschritt (Nr. 35) findet die Erhebung hier nicht von allein statt, sie beruht auf Arbeit und Anstrengung.

Die Voraussage ist günstig, denn Sie treffen auf kein Hindernis. Die Umstände treffen so zusammen, daß Sie sich erheben, aber letzten Endes hängt alles von Ihrem Willen und Ihren Entscheidungen ab. Die Lage enthält die Möglichkeit zum Handeln, zur Ausbreitung der Pläne, um Unterstützung zu finden. Es kann einen vorübergehenden Mißerfolg geben, aber damit darf man sich nicht aufhalten; der Weg hier ist der des Menschen, der unermüdlich sein Wissen wachsen läßt und langsam vorangeht – mit der Kraft des Mutes und der Konzentration.

DIE LINIEN

1 — — **X** *Das Vertrauen bringt großes Glück.*

Das ist der Beginn des Aufstiegs. Sie treffen über sich (Linie 2) eine mächtige Person, die Ihnen vertraut. Ihre Pläne finden deren Unterstützung; zusammen verwirklichen Sie große Dinge.

2 ——— **X** *Das Vertrauen bringt großes Glück.*

Siehe voraufgehende Linie. Hier ist der Mensch vertreten, der Ihnen Unterstützung gibt. Wenn er auch ein wenig hart und energisch ist, so besitzt er doch innere Rechtschaffenheit.

3 ——— **X** *Der Mensch drängt nach oben, ohne auf Hindernisse zu stoßen.*

Das ist der Augenblick des Fortschritts. Alles erscheint einfach. Nutzen Sie die Situation ohne zu zögern aus.

4 — — **X** *Der Mensch trägt seine Gaben auf den Berg K'i.*

Ihr Glück ist groß. Sie kommen auf dem Gipfel an, und Ihr Einfluß wird von allen anerkannt.

5 — — **X** *Der Mensch muß weiter friedlich vorangehen.*

Wenn man sich dem größten Erfolg nähert, dann ist es wichtig, daß man sich selbst gleich bleibt. Wenn man die Kraft verliert, weil man die Bescheidenheit vergißt, oder wenn man die letzten Etappen überspringen will, dann besteht die Gefahr, daß alles in Frage gestellt wird.

6 — — **X** *Der Mensch drängt blindlings nach oben.*

Auf dem Gipfel angekommen, muß man sich anderen Interessen zuwenden und in sich selbst neue Reichtümer pflegen können. Wenn man sich erhebt ohne anhalten zu können, endet man in Verblendung und Erschöpfung des Herzens.

47. K'OUEN
Die Erschöpfung

oben der See
unten das Wasser

INTERPRETATION

Symbol: Wenn das Wasser nach unten fließt, trocknet der See aus.

Allgemeine Bedeutung: Es ist das Hexagramm der Niedergeschlagenheit, des Kummers, der Trübsal; es stellt eine Zeit der Erschöpfung dar, wo der Mangel an Reserven Sie hart trifft. Mangel an Kraft zum Kämpfen, Mangel an Unterstützung und Vertrauen von außen, um die Pläne zu verwirklichen. In so einem Augenblick ist es die weiseste Haltung, sich vorübergehend dem Schicksal zu beugen. Seien Sie nicht niedergeschlagen, bleiben Sie sich selbst treu, da Sie Ihr Schicksal nicht ändern können, fragen Sie sich, warum Ihre Pläne bei den anderen kein Echo finden.

DIE LINIEN

1 — — **X** *Der Mensch sitzt auf einem toten Baum.*

In der Niedergeschlagenheit besteht der positive Weg darin, sich zu festigen ohne abzustumpfen. Lassen Sie sich weder zur Entmutigung noch zur Bitterkeit hinreißen. Befreien Sie sich von Ihrer vergangenen Situation.

2 ——— **X** *Der Mensch sitzt niedergeschlagen bei Tisch.*

Obwohl Sie keine materiellen Schwierigkeiten haben, sind Sie innerlich durch die Banalität Ihres Lebens erschöpft und sehen keine Möglichkeiten, sich wieder zu fassen. Glücklicherweise kommt Hilfe von außen.

3 — — **X** *Der Mensch sitzt niedergeschlagen auf einem Stein.*

Das Zögern und die mangelnde Urteilskraft in einer schwierigen Zeit beschleunigen nur Ihren Niedergang. Gefahr.

4 ——— **X** *Der Mensch sitzt niedergeschlagen auf einem goldenen Wagen.*

Ihre Position erlaubt es Ihnen, anderen zu helfen. Handeln Sie also energisch und schnell. Noch einmal, das Zögern bringt Sie in ernsthafte Schwierigkeiten, selbst wenn Sie von einem gutgemeinten Gefühl bewegt werden.

5 ——— **X** *Der Mensch ist niedergeschlagen, das kommt von oben und von unten.*

Sie haben weder von Ihren Vorgesetzten noch von Ihren Untergebenen etwas zu erwarten. Die angezeigte Situation ist eine lange

Einsamkeit, aber dennoch mit einem Anzeichen für schließliche Verbesserung.

6 — — X *Der Mensch ist eingefangen von Ranken.*

Das Elend nähert sich seinem Ende. Lassen Sie sich nicht beeinflussen durch die anderen und durch die Werte der Vergangenheit. Es ist der Augenblick, daß Sie Ihre Verbindungen abbrechen und handeln und verändern. Das Glück kommt, wenn Sie den Augenblick mit Entschlossenheit ergreifen können.

48. TSING

Der Brunnen

oben das Wasser
unten der Wind/das Holz

INTERPRETATION

Symbol: Das Bild des Brunnens gehört zum Trigramm Souen, dem Holz, das unter dem Wasser liegt; der Brunnen schöpft Wasser aus der Erde und läßt es steigen.

Allgemeine Bedeutung: Dieses symbolische Bild stellt die Tiefe im Menschen dar. Es erinnert an seine Natur, an die ewige Essenz, die ihn belebt und es ihm erlaubt, sich an jede Situation anzupassen.

Der Gedanke der Voraussage ist der: Wie ein Brunnen, den man nicht versetzen darf, wenn man ihn nicht austrocknen will, darf der Mensch nicht handeln, ohne sich der lebenswichtigen Notwendigkeiten seines Seins bewußt zu sein. In sich selbst findet er die wahren Tugenden der Menschlichkeit; wenn er also eine oberflächliche, von den Konventionen und den gesellschaftlichen Gesetzen diktierte Haltung ohne Beziehung zur Wirklichkeit seines eigenen Seins einnimmt, dann kann das nur zur Niederlage führen. Auf längere oder kürzere Sicht wäre es vergeblich, einen Plan unter diesen Bedingungen verwirklichen zu wollen. Wenn er dagegen handelt, indem er sich auf die Beständigkeit seiner Natur stützt, mit dem Gedanken, den anderen seinen inneren Reichtum mitzuteilen, kann er darauf hoffen, die Dinge auf nützliche und dauerhafte Weise zu ändern.

1 — — X *Kein Tier kommt an einen trockenen Brunnen.*

Wenn Sie das Vertrauen in sich und Ihre Natur verlieren, wenden sich die Menschen von Ihnen ab wie von einem Brunnen, der keinerlei Nutzen mehr hat.

2 ——— X *In einem klaren, aber nutzlosen Wasser leben nur die Fische.*

Indem Sie es vernachlässigen, Ihre Qualitäten zu pflegen, nähern Sie sich den niederen Geschöpfen. Aber die wertvollen Menschen gehen auf fatale Weise auf Distanz, und Sie können Ihre Pläne nicht mehr verwirklichen.

3 ——— X *Der Brunnen ist gereinigt, aber niemand trinkt sein Wasser.*

Sie haben alle Fähigkeiten, den anderen zu helfen, der Augenblick, sie anzuwenden, ist jedoch noch nicht gekommen.

4 — — X *Der Brunnen ist gemauert.*

Bringen Sie Ihr Leben in Ordnung. So bereiten Sie sich vor für einen neuen Anfang.

5 ——— X *Im Brunnen befindet sich eine klare Quelle.*

Da die Quelle rein und klar ist, ist die Situation ausgezeichnet. Aber es ist notwendig, daß das Wasser geschöpft wird, damit es wirken kann. Handeln Sie, wenden Sie sich den anderen zu, dann wird die Voraussage ganz und gar glücklich sein.

6 — — X *Man schöpft Wasser, um es zu trinken.*

Was Sie aus sich selbst schöpfen, teilen Sie mit den anderen. Das ist ein Zeichen von großem Erfolg sowohl in Ihren Plänen als auch in Ihren menschlichen Beziehungen.

49. KO ䷰ oben der See

Die Revolution unten das Feuer

INTERPRETATION

Symbol: Von Natur aus können sich der See und das Feuer nicht verbinden (s. Symbol von Hexagramm 38). Aber der Gegensatz ist hier dennoch radikaler als in Hexagramm 38 – auf Grund der Lage der Trigramme (die jüngste Tochter hat den Platz ihrer älteren Schwester eingenommen).

Allgemeine Bedeutung: Ko bedeutet die Revolution, die Veränderung, den Ersatz alter Dinge durch neue. Es handelt sich nicht nur um eine Revolution im Sinne plötzlicher Ereignisse, die durch Zufall stattfinden, sondern in einem viel allgemeineren Sinn um die Revolution, die dem natürlichen Zyklus der Erscheinungsformen Yin und Yang folgt. Beispielsweise die Revolution des Jahres, Wechsel der Jahreszeiten usw.

Das Hexagramm zeigt an, daß man sich den Situationen, die bei jeder Veränderung ablaufen, anpassen können muß und daß man ihnen folgen soll. Wenn Sie gegen den allgemeinen Strom schwimmen, schaffen Sie sich selbst Schwierigkeiten. Wenn Sie dagegen Ihren Kummer vertreiben, wenn Sie das Alte zurückdrängen, verstehen Sie, daß die Veränderung eine Quelle der Erneuerung ist, Sie finden schöpferische Kraft, die es erlaubt, die Probleme gut zu lösen. Nichts hindert Sie, den Ereignissen sogar vorauszusein ...

DIE LINIEN

1 ——— **X** *Durch Mangel an Nachdenken läßt man sich von den Auswirkungen seiner Initiative überholen.*

Die Umstände sind ungünstig für jede Veränderung. Stärken Sie sich innerlich. Eine voreilige Entscheidung könnte ärgerliche Folgen haben.

2 — — **X** *Wenn der Augenblick gekommen ist, provoziert man die Revolution.*

Es ist möglich, daß Reformen nicht ausreichen, um Ihre Situation wiederherzustellen. Bereiten Sie sich daher auf eine radikalere Änderung vor, besonders indem Sie sich mit fähigen Menschen umgeben. Wenn der Augenblick gut gewählt ist, Erfolg.

3 ——— **X** *Das Volk erhebt sich beim dritten Aufruf.*

Ein bevorstehendes Ereignis könnte Ihr Leben auf den Kopf stellen. Handeln ist notwendig. Zwei Dinge müssen jedoch vermieden werden: zu große Eile und zuviel Zögern. Achten Sie besonders auf die Entwicklung der Ereignisse.

4 ——— **X** *Die innere Kraft ist die Garantie des Erfolgs.*

Damit die Erneuerung einen Sinn hat, muß sie einer höheren Wahrheit entsprechen. Nur unter dieser Bedingung stellt sich der Erfolg ein.

5 ——— **X** *Der große Mensch verändert sich wie ein Tiger.*

Durch persönliche Erneuerung ruft der große Mensch eine allgemeine Erneuerung hervor. Sie sind vollständig in den ablaufenden Prozeß einbezogen.

6 — — **X** *Der edle Mensch verändert sich wie ein Panther.*

Die großen Umstürze, die stattgefunden haben, haben wenig Wirkung auf Sie, und Sie sind mit kleineren Änderungen in Ihrem Leben zufrieden. Auf jeden Fall ist dies nicht der Augenblick, etwas zu unternehmen.

50. TING
Der große Kochkessel

䷱

oben das Feuer
unten der Wind/das Holz

INTERPRETATION

Symbol: Das Bild des großen Kochkessels wird hervorgerufen durch die graphische Struktur der Linien: unten die Füße, der Bauch in der Mitte (Linien 2, 3, 4), dann die Griffe und der Tragring (Linie 6).

Allgemeine Bedeutung: Dieses Hexagramm zu erhalten, signalisiert Wohlstand. Auf der materiellen Ebene symbolisiert es das, was sich langsam entwickelt und mit allen geteilt werden kann, die natürlichen Elemente werden zu ernährenden Elementen (man findet hier auch den Begriff des Siedens, ausgelöst durch die beiden Trigramme Li und Louen). Die Voraussage kündigt also das Wohlbehagen und eine beneidenswerte Situation an! Aber das Hexagramm hat vor allem eine Bedeutung auf der geistigen Ebene, denn es stellt die jedem innewohnende Fähigkeit dar, sich innerlich zu verwandeln und zu erheben. Es bringt eine sehr große Freude, wenn Sie zutiefst nach Ihren Überzeugungen leben können.

DIE LINIEN

1 — — **X** *Der Kessel ist zur Reinigung umgestürzt worden.*

Wie auch immer die Lage sein mag, Sie erreichen den Erfolg und die Ehren, wenn Sie es schaffen, sich von den inneren Problemen zu befreien, die Sie fesseln.

2 ——— **X** *Im Kessel ist ein Essen.*

Die Zeit ist günstig für die Verwirklichung großer Werke. Handeln Sie trotz aller Neider.

3 ——— **X** *Der Henkel des Kessels ist zerbrochen.*

Geduld: niemand beachtet Sie, niemand hat Nutzen von dem, was Sie tun, aber das ist nur eine Frage der Zeit.

4 ——— **X** *Der Kessel hat zerbrochene Füße.*

Ihre Verantwortlichkeiten sind zu groß. Wenn Sie versuchen, Ihre Schwäche zu verbergen, und die Dinge nicht so akzeptieren, wie sie sind, dann scheitern Sie.

5 — — **X** *Der Kessel hat einen goldenen Ring.*

Erfolg. Bleiben Sie aufgeschlossen, und man kommt ganz selbstverständlich zu Ihnen. Sie finden jetzt die notwendige Unterstützung und Festigkeit für Ihre Unternehmungen.

6 ——— X *Der Kessel hat einen Ring aus Jade.*

Alles ist im Gleichgewicht: Festigkeit und Nachgiebigkeit sind ohne Übertreibung. Sie haben die Möglichkeit zu teilen und angehört zu werden. Es ist das Zeichen sehr großen Reichtums.

51. TCHEN

Der Donner

oben der Donner

unten der Donner

INTERPRETATION

Symbol: Das ist die Verdoppelung des Trigramms. Seine Bewegung ist auf dem Höhepunkt der Gewalt; es grollt und sät Panik.

Allgemeine Bedeutung: Anders als man glauben könnte, bedeutet der Donner kein Unheil und keine Katastrophe, sondern er symbolisiert eine intensive Bewegung mit Entsetzen gepaart. Aus persönlicher Sicht hat er also die Bedeutung der Erschütterung, auf allgemeiner Ebene bedeutet er kollektive Furcht und Ratlosigkeit.

Die Warnung der Vorhersage lautet: Kaltblütigkeit bewahren und sich der wirklichen Situation bewußt sein, denn Tchen besitzt auch die Möglichkeit einer sehr großen Handlungsfreiheit. Wenn man auf sich selbst aufpaßt, indem man nicht an der allgemeinen Panik teilnimmt und die Fehler wieder gutmacht, mündet diese Handlungsfreiheit in eine konstruktive Erfahrung. Sie wird sogar von Fröhlichkeit und einer gewissen Leichtigkeit begleitet, sagt das I Ging.

DIE LINIEN

1 ——— X *Ein großer Lärm entsteht. Er hat Angst, dann lächelt er.*

Die Angst ist oft die größte Gefahr. Wenn Ihre Furcht überwunden ist, verschwinden die Schwierigkeiten.

2 — — X *Der Widerstand macht die Lage nur noch schlimmer.*

Die Furcht ist hier berechtigt, denn es gibt eine wirkliche Gefahr, und Sie leiden unter einem Vorurteil. Bewahren Sie Ihre Kräfte und kommen Sie erst im angemessenen Moment zurück.

3 — — X *Die Erschütterung beeinflußt die Moral des Menschen.*

Lassen Sie sich nicht durch die allgemeine Ratlosigkeit einfangen. Gefahr.

4 ——— X *Die Erschütterung lähmt.*

Ihre Unfähigkeit zum Handeln angesichts der Situation liegt in Ihrem inneren Zustand begründet, nicht in den Umständen. Die Untätigkeit macht jede Chance unmöglich, daß Sie da herausfinden.

5 — — X *Der Donner kommt und geht.*

In einer unausgeglichenen Situation lassen Sie sich nicht durch die Ereignisse erschüttern. Verlieren Sie nie Ihre Handlungsfreiheit, und Sie kommen an Ihre Ziele.

6 — — X *Die Donnerschläge sind um Sie herum.*

Ziehen Sie sich zurück, bevor Sie von der Nervosität und der mangelnden Urteilskraft angesteckt werden, die Ihre Umgebung beherrschen, selbst wenn das Unruhe verursacht.

52. KEN
Die Unbeweglichkeit

oben der Berg
unten der Berg

INTERPRETATION

Symbol: Der Berg ist doppelt. Das ist das Bild der Ruhe, des Stillstands vor der Bewegung, des Ausruhens, der Festigkeit.

Allgemeine Bedeutung: In der Wirklichkeit hat die Ruhe nur einen Sinn im Zusammenhang mit der Bewegung. Wenn sie einen andauernden Zustand darstellt, wird sie bald unheilvoll. Hier handelt es sich um eine günstige Voraussage: Ken hat in der Tat die Bedeutung eines Stillstands, der das Ende oder den Anfang einer Aktion kennzeichnet. Nach dem I Ging ist es wesentlich, sich zu bewegen, wenn der Augenblick es erfordert, anzuhalten, wenn es notwendig ist. Das ist die empfohlene Haltung; wenn Sie es geschafft haben, die Zeit des Handelns und der Ruhe vollkommen einzuschätzen, werden Sie das Gleichgewicht in sich selbst finden, und dann können Sie ohne Angst Ihre Pläne verwirklichen.

Anmerkung: Auf der inneren Ebene ist Ken eines der Zeichen der höchsten Wahrheit. Es symbolisiert den Zustand dessen, der sich so gut mit der Natur der Zeit in Übereinstimmung bringt, daß er sich abstrahieren, daß er sich von seinem Ich befreien kann.

DIE LINIEN

1 — — X *Unbeweglichkeit der Zehen.*

Es ist besser, eine Aktion am Anfang zu beenden, wenn Sie merken, daß sie falsch ist. Nehmen Sie sich die Zeit zum Nachdenken, bevor Sie weitermachen.

2 — — X *Unbeweglichkeit der Waden.*

Jene, die Sie anhalten möchten, verstehen Ihre Absichten nicht und gehen weiter auf ihrem Weg. Es gibt einen Bruch.

3 ——— X *Unbeweglichkeit der Hüften.*

Die wahre Ruhe kann nicht durch Zwang erreicht werden. Bescheiden Sie sich*.

4 — — X *Unbeweglichkeit des Rumpfes.*

Sie sind an dem Punkt, den inneren Frieden zu finden. Geben Sie Ihre Zweifel und Ihre Unruhe auf.

---

* Der typische Fall für diese Linie ist ein Mensch, der den inneren Frieden durch verschiedene Übungen in der Meditation sucht, die nicht der natürlichen Bewegung seines Seins entsprechen.

5 — — X *Unbeweglichkeit der Kiefer.*

Sie reden viel, lassen aber keine Taten folgen. Seien Sie weniger überheblich. Gefahr.

6 ——— X *Großzügige Unbeweglichkeit.*

Glück. Ein genaues Verständnis der Natur der Dinge und die Mäßigung sichern Ihnen den Erfolg.

53. TSIEN — Die Entwicklung

oben der Wind/das Holz
unten der Berg

INTERPRETATION

Symbol: Der Wald auf dem Berg ist von fern sichtbar und entwickelt sich langsam.

Allgemeine Bedeutung: Dieses Hexagramm (den Nummern 35 und 46 nahe) wird als der methodische Fortschritt gedeutet, als die schrittweise Entwicklung. Seine Bewegung ruht auf soliden Grundlagen (der Berg) und durchdringt alles tief (der Wind), folglich ist es gleichzeitig fest, ruhig, und erreicht sein Ziel.

Tsien weist natürlich auf die Art hin, in der Sie im vorliegenden Fall reagieren sollen. Mit Ruhe und Methode, wobei Sie immer den Plan im Kopf haben, den Sie verwirklichen wollen. Durch schrittweises Handeln kommen Sie zum Erfolg und können die anderen beeinflussen. Jegliche Hast würde zur Niederlage führen.

Anmerkung: Dieses Hexagramm hat außerdem die Bedeutung von Hochzeit und ehelicher Treue.

DIE LINIEN

1 — — X *Die Wildgans verläßt das Wasser und erreicht die Küste.*

Die ersten Schritte auf dem Weg, den Sie gewählt haben, sind zögernd und finden keinerlei Unterstützung. Diese Schwierigkeiten genau sind es, die Sie vor einer zu großen Überstürzung bewahren können.

2 — — **X** *Die Wildgans geht am Felsen entlang.*

Die Voraussage ist glücklich. Sie kommen in Sicherheit voran und lassen Ihre Umgebung an Ihrem Glück teilhaben.

3 ——— **X** *Die Wildgans steigt auf die Ebene.*

Versuchen Sie nicht, zu schnell zu gehen, sonst verirren Sie sich. Lassen Sie die Dinge sich nach ihrem Rhythmus entwickeln.

4 — — **X** *Die Wildgans läßt sich in einem Baum nieder.*

Für eine Gans ist es nicht sehr bequem, sich in einem Baum niederzulassen. Genauso geht es Ihnen mit Ihrem Vorankommen. Beweisen Sie Nachgiebigkeit, passen Sie sich den Umständen an, wenn Sie den Sturz vermeiden wollen.

5 ——— **X** *Die Wildgans erreicht die Höhen.*

Indem Sie eine höhere Position erreichen, lernen Sie die Einsamkeit und das Unverständnis kennen. Es besteht die Gefahr eines Mißverständnisses. Aber die Voraussage ist gut und weist auf eine Versöhnung am Ende hin.

6 ——— **X** *Die Wildgans fliegt über den Wolken.*

Die Entwicklung ist an ihrem Ende angekommen. Es ist das Zeichen der Apotheose. Ein neues Leben, aufgebaut auf Harmonie, eröffnet sich vor Ihnen.

54. KOUEI MEI

Die junge Ehefrau

oben der Donner
unten der See

INTERPRETATION

Symbol: Der Donner rührt das Wasser des Sees auf. Dies ist das vierte Koua, das die Einheit von Mann und Frau beschreibt (zusammen mit 31, 32 und 53): der älteste Sohn zieht das jüngere Mädchen mit sich, das fröhlich folgt.

Allgemeine Bedeutung: Mit Kouei Mei haben wir das Bild eines jungen Mädchens, das dem Mann folgt, dessen Geliebte, Zweitfrau oder junge Ehefrau sie ist. Es ist der Gedanke an die Einheit zwischen einem reifen Mann und einer sehr viel jüngeren Frau, deren Antrieb die Suche nach dem Vergnügen ist.

Ganz allgemein läßt das Hexagramm an alle freien Verbindungen zwischen den Menschen denken. Da sie durch das Begehren bestimmt sind, entziehen sich diese Beziehungen nach dem I Ging allen Konventionen und allen anderen allgemein anerkannten moralischen Regeln – daher die Gefahr, daß man sieht, wie sie die bestehende Harmonie zerstören. Takt und Einfühlungsvermögen können dieses jedoch ausgleichen. Wenn ein leidenschaftliches Element in Ihr Leben (oder in Ihre Geschäfte) eingreift, ist es wichtig, den Zweck dessen, was Sie unternommen haben, nicht aus den Augen zu verlieren, damit sich all Ihre Hoffnungen erfüllen.

DIE LINIEN

1 ——— **X** *Ein Lahmer, der gehen kann.*

Die Rolle, die Sie in Ihrem Tätigkeitsbereich spielen, ist zweitrangig. Indem Sie diese Situation akzeptieren, selbst wenn sie unverdient ist, werden Sie unterstützt und können Ihre Pläne verwirklichen.

2 ——— **X** *Ein Einäugiger, der sehen kann.*

Eine Person aus Ihrer Umgebung enttäuscht Sie. Sie flüchten sich in die Einsamkeit, aber das erlaubt, daß Sie sich bessern.

3 — — **X** *Das junge Mädchen wird Geliebte.*

Sie wollen zu viele Dinge, ohne sie bekommen zu können. Sie müssen sich mit einem Platz zufriedengeben, der Ihnen nicht entspricht.

4 ——— X *Das junge Mädchen wartet ab und heiratet später.*

Sie verzögern von sich aus den Augenblick, um einen Plan zu verwirklichen. Das gelingt Ihnen; was Ihnen entspricht, wird zu seiner Zeit kommen.

5 — — X *Das junge Mädchen heiratet, indem es sich erniedrigt.*

Indem Sie eine zweitrangige Rolle akzeptieren, beweisen Sie Weisheit, und das ist günstig für Sie in der Zukunft. Glück. Erfolg.

6 — — X *Das junge Mädchen trennt sich von seinem Ehemann.*

Der Zauber verschwindet. Es ist Ihnen unmöglich, Ihre Verpflichtungen einzuhalten. Trennung, Scheidung oder Entlassung.

55. FONG
Der Überfluß

oben der Donner
unten das Feuer

INTERPRETATION

Symbol: Der Donner ist über dem Feuer. Das ist die Bewegung über der Klarheit; der Mensch kann mehr verwirklichen, als seine Intelligenz ihm zu tun befiehlt. Es handelt sich also um Größe und Überfluß.

Allgemeine Bedeutung: Die angezeigte Situation ist ganz und gar positiv und glücklich. Es ist die Stunde der Fülle, des Reichtums, der erreichten Perfektion. Das intelligente Handeln hat seine Früchte getragen.

Dennoch, merken Sie sich, daß der Überfluß eine trügerische Seite hat; erleben Sie den gegenwärtigen Augenblick in aller Freiheit, lassen Sie Ihre Umgebung davon profitieren, aber bleiben Sie sich bewußt, daß jede Situation sich entwickelt und verändert – wie die Sonne in ihrem Zenit.

1 ——— X *Zwei Freunde ergänzen sich gegenseitig.*

Die Einheit mit einem Gleichgesinnten erlaubt es Ihnen, große Dinge zu verwirklichen. Um erfolgreich zu sein, muß diese Freundschaft jedoch auf klaren Grundlagen ohne jeden Hintergedanken beruhen.

2 — — X *Das absolute Vertrauen führt zum Erfolg.*

Zweifel und Mißtrauen entstehen um Sie herum. Es ist unnütz, dagegen zu kämpfen, denn die Zeit ist dazu nicht reif. Handeln Sie offen und ernsthaft, alles wird sich regeln.

3 ——— X *Die Finsternis verhüllt die Sonne.*

Die Situation ist so angespannt und so verworren, daß es unmöglich ist zu handeln. Dazu kommt die Verblendung Ihrer Umgebung. Unternehmen Sie nichts, haben Sie Geduld.

4 ——— X *Die Dunkelheit läßt nach.*

Die Dunkelheit der voraufgegangenen Linie läßt nach. Finden Sie eine verwandte Seele, verbinden Sie die Weisheit mit der Energie, und die Situation wird sich klären.

5 — — X *Der gerechte Mensch hört zu und kann belohnen.*

Indem Sie die Ratschläge sachverständiger Leute annehmen, bekommen Sie Zugang zum Überfluß. Glück für Sie und Ihre Umgebung.

6 — — X *Der Überfluß ist ohne Glück.*

Wenn Sie, weil Sie den Überfluß um jeden Preis haben wollen, von Ihrer Umgebung abgelehnt werden – kann man da wirklich von Reichtum sprechen?

56. LIU oben das Feuer

Der Reisende unten der Berg

INTERPRETATION

Symbol: Das Feuer erhebt sich über dem Gipfel des Bergs. Während der Berg bleibt, entfernt das Feuer sich: sie entfernen sich in entgegengesetzte Richtungen.

Allgemeine Bedeutung: Dieses Hexagramm charakterisiert gleichzeitig den, der es sich aussucht zu reisen, und den, der gezwungen ist zu einem Ortswechsel. Die Voraussage ist also anfangs mehr oder weniger günstig, obwohl sie sich in der Wirklichkeit viel mehr auf den Geisteszustand des Reisenden bezieht als auf die Bedingungen der Reise.

Der vorherrschende Gedanke ist die Schwierigkeit, sich festzulegen, und die ständige Suche nach etwas anderem. In der Tat, der Reisende findet den Erfolg, wenn er seinen Weg ohne Beunruhigung fortsetzen kann und wenn er Haltepunkte findet. Nach dem I Ging sind die in dieser Art Leben enthaltenen Eigenschaften: die Ausdauer, die Vorsicht, die Bescheidenheit, die Verpflichtung gegenüber den Menschen, die Sie beherbergen. Vergessen Sie nicht, daß Sie in der gegenwärtigen Situation von anderen abhängig sind und nur eine ziemlich begrenzte Freiheit haben (die, jeden Tag ein Stück weiter zu gehen), Ihr Schicksal ist also verbunden mit den Bedürfnissen, die Sie gegenüber der Welt zum Ausdruck bringen.

DIE LINIEN

1 — — X *Der Reisende befaßt sich mit Einzelheiten.*
Unglück.

Da es Ihnen an Kraft fehlt, suchen Sie eine Unterstützung. Aber wenn Sie ohne Würde vorgehen, werden Sie nur verschlossene Türen vorfinden.

2 — — X *Der Reisende erreicht die Herberge.*

Ihre Zurückhaltung erregt Wohlwollen.

3 ——— X *Die Herberge des Reisenden brennt.*

Wenn Sie sich um Dinge kümmern, die Sie nichts angehen, verlieren Sie sich selbst. Die Lage ist gefährlich wegen Ihrer Dreistigkeit.

4 ——— X *Der Reisende findet Schutz.*

Sie sind am Ziel angekommen und könnten seßhaft werden, aber Sie glauben, daß die Lage Ihnen nicht entspricht. Auf lange Sicht werden Sie sich immer mehr als Fremder fühlen.

5 — — X *Der Reisende wird vorgestellt.*

Ihr Können bringt Ihnen Sympathien und gute Gelegenheiten ein. Erfolg.

6 ——— X *Der Reisende regt sich auf und verliert die Ruhe.*

Wenn Sie sich nicht besser anpassen, verlieren Sie gleichzeitig Ihren Platz und die Wertschätzung der anderen. Es besteht die Gefahr eines übertriebenen Handelns, danach Bedauern.

57. SOUEN
Der Wind

䷸

oben der Wind
unten der Wind

INTERPRETATION

Symbol: Der Wind folgt dem Wind. Die Eigenschaften des Trigramms sind verdoppelt, es ist das Bild dessen, das mit Sanftheit durchdringt.

Allgemeine Bedeutung: Souen ist das Sanfte. Es geht auf unsichtbare Weise vor, indem es die Situationen erhellt. Auf menschlicher Ebene stellt es das Urteil, die Durchdringung durch den Geist, der die Wolken vertreibt, dar, und es wirkt durch seine Beständigkeit.

Seien Sie wie der Wind (oder wie das Holz, das ein anderes Bild dieses Hexagramms ist), handeln Sie ohne Gewalt, sondern auf eine ununterbrochene Weise. Sie haben die Zeit auf Ihrer Seite, das erlaubt Ihnen, dauerhafte Wirkungen zu erreichen. Erklären Sie Ihre Absichten deutlich, dringen Sie langsam ein, um die Situation zu prüfen. Ihre Kraft liegt in der Ausdauer, Sie sollten sich die Person suchen, die Energie und aktive Kraft besitzt.

DIE LINIEN

1 — — X *Mal geht er voran, mal weicht er zurück.*

Das Übermaß an Demut führt zur Unentschlossenheit. Zum Handeln braucht man ein klares Ziel und eine entschlossene Entscheidung. Lassen Sie sich nicht von den Ereignissen beherrschen.

2 ——— X *Versuchen Sie, jeden Einfluß auszuschließen.*

Sichtbare und unsichtbare, innere oder äußere Kräfte bringen Ihr Leben durcheinander. Hören Sie nicht auf, sie zu kontrollieren, gegebenenfalls mit der Hilfe von Leuten, die auf diesem Gebiet sachkundig sind.

3 ——— X *Durchdringung durch ständigen Wind.*

Ein Übermaß an Nachdenken zerstört die Handlungsfähigkeit. Lassen Sie sich nicht gehen. Handeln Sie.

4 — — X *Der Jäger nimmt drei Sorten Wild.*

Bescheidenheit mit Energie verbunden bringt den Erfolg. Wenn beides auf die gesellschaftliche, auf die geistige Ebene und das Alltagsleben angewendet wird, kommt es zum perfekten Gleichgewicht. Es ist das Zeichen von Glück.

5 ——— X *Die Ausdauer bringt das Glück.*

Sie sind von einer schlechten Grundlage ausgegangen. Aber der Wind dreht sich; wenn Sie die Veränderung mit allem erforderlichen Nachdenken durchführen, erleben Sie große Befriedigung.

6 ——— X *Durch seine Schwäche stellt der Mensch sich selbst bloß.*

Das ist ein Zeichen des Unglücks. Sie sind sich der dunklen Kräfte bewußt, die Sie beeinflussen, aber Sie finden kein Mittel, sie zu bekämpfen.

58. TOUEI

Die Freude

oben der See
unten der See

INTERPRETATION

Symbol: Zwei Seen, einer auf dem anderen. Touei, eines der acht Doppelhexagramme, symbolisiert das, was lächelt, fröhlich ist, Freude macht und sich in Harmonie vollzieht. Achten Sie auf die Vorherrschaft der Yang-Linien; die Freude drückt sich durch die Festigkeit aus und äußert sich in einer sanften Form.

Allgemeine Bedeutung: Hier kommt man auf den Gedanken von gegenseitiger Bereicherung (die beiden Seen stehen in Verbindung); das Handeln, das in Gegenseitigkeit stattfindet, auf guter Laune und Offenheit des Geistes beruht, ist ganz und gar vorteilhaft. Dieses Handeln teilt sich von einem Wesen zum anderen mit und erlaubt eine leichte Durchdringung des Wissens und der Kenntnisse. Wenn es auf einer Festigkeit und einer Wahrheit begründet ist, so daß eine entspannte, aber nicht nachlässige Atmosphäre entsteht, ist es für alles günstig, was Sie unternehmen.

DIE LINIEN

1 ——— **X** *Die Freude ohne Wunsch enthält die Weisheit.*

Der mit seinem Schicksal zufriedene Mensch strahlt den Geist der Einheit ab. Es ist das Zeichen großer Freiheit und vollkommener Heiterkeit.

2 ——— **X** *Die wirkliche Freude vertreibt den Kummer.*

Seien Sie wachsam. Das vorübergehende Vergnügen ist nicht immer von Freude begleitet.

3 — — **X** *Die wahre Freude kommt aus dem eigenen Herzen.*

Die innere Leere mit der Suche nach äußerlichen Befriedigungen zuzudecken, ist ein Beweis der Schwäche. Wenn Sie so handeln, schaden Sie sich selbst.

4 ——— X *Wenn die Leidenschaften überwunden sind, finden Sie die Freude.*

Große Freude, wenn Sie sich von Ihren Irrtümern befreien.

5 ——— X *Meiden Sie Menschen von schlechtem Umgang.*

In einer allzu glücklichen Situation liegt Gefahr. Man vertraut allen, ohne zu erkennen, was sich hinter dem Äußeren verbirgt. Vorsicht.

6 — — X *Die verführerische Freude entsteht nicht mehr aus sich selbst.*

Die Befriedigung ist sehr groß. Indem Sie sie noch weiter ausdehnen wollen, gehen Sie die Gefahr ein, nicht mehr Meister Ihrer selbst zu sein und sich unter dem zufälligen Einfluß der äußeren Ereignisse wiederzufinden.

59. HOUAN

Die Zerstreuung

oben der Wind
unten das Wasser

INTERPRETATION

Symbol: Der Wind weht über die Oberfläche des Wassers und treibt es auseinander.

Allgemeine Bedeutung: Was der Wind in der gegenwärtigen Lage auseinandertreibt, ist die Gefahr, das Unergründliche. Das Hexagramm hat also keine negative Bedeutung, sondern es bezieht sich im Gegenteil auf alle Kräfte, die es zu vertreiben gilt, um zur Andacht und Sammlung zu kommen.

Auf der individuellen Ebene zeigt Houan den Weg, dem man folgen muß, um die Trennung zu vermeiden. Es geht fast ausschließlich um den Gedanken, allen Egoismus zu überwinden, um zu einem gemeinsamen Werk zu kommen. Wenn Sie diesen Standpunkt teilen, ist die Voraussage günstig für Sie. Der Egoismus und die Begierde isolieren den Menschen; indem Sie sie bekämpfen, können Sie darauf hoffen, in Harmonie und Verständnis zu leben. Auf so einer Grundlage kann eine Verbindung wirklich Früchte tragen.

DIE LINIEN

1 — — **X** *Beginn der Zerstreuung.*

Es ist leichter, die Mißverständnisse am Anfang zu zerstreuen. Warten Sie nicht, greifen Sie mit Macht bei den ersten Anzeichen von Mißverständnis ein.

2 ——— **X** *Die Einigkeit sichert die Stabilität.*

Schlechte Laune und Boshaftigkeit entfernen Sie von den anderen. Nur wenn Sie ein maßvolles Urteil wiederfinden, erlangen Sie Ruhe und Verständnis.

3 — — **X** *Der Mensch kümmert sich nicht mehr um sich selbst.*

Ihre Arbeit hindert Sie daran, an sich selbst zu denken. Wenn es sich nicht um eine Flucht nach vorn handelt, ist das der richtige Weg, um große Dinge zu vollenden.

4 — — **X** *Der Mensch hält sich aus allen Rivalitäten heraus.*

Wer in einer Angelegenheit erfolgreich sein will, muß eine Gesamtsicht der Situation haben. Schieben Sie Fragen der persönlichen Freundschaft beiseite, und alle werden Ihnen dankbar sein. Erfolg.

5 ——— **X** *Die Versammlung findet um einen neuen Plan herum statt.*

In einer Zeit der Spannungen und des Zögerns kann eine große Idee alle Kräfte in einem gemeinsamen Ziel vereinen. Das ist der Augenblick, einen neuen Plan vorzuschlagen.

6 ——— **X** *Der Mensch überwindet die Veränderung.*

Dank Ihrer Urteilskraft können Sie anderen helfen, die Gefahr zu vermeiden. Aber seien Sie für sich selbst vorsichtig.

60. TSIE ䷻ oben das Wasser
Die Einschränkung — unten der See

INTERPRETATION

Symbol: Das Wasser über dem See läßt an ein eingeschränktes Fassungsvermögen denken. Wenn das Wasser sich in zu großer Menge ergießt, fließt der See über. Das gilt auch für den Menschen.

Allgemeine Bedeutung: Das hier verteidigte Prinzip lautet: Bei allem, was in der Natur passiert, muß man alles Überfließen vermeiden, wenn man sich nicht zerstören will. Wenn man seine eigenen Möglichkeiten nicht kennt oder wenn man sich in verschiedene Richtungen ohne festes Ziel zersplittert, landet man fast unweigerlich bei der Verschwendung und beim Leiden. Daher die Warnung des Hexagramms: Grenzen ziehen, nur mit Maß handeln ... Aber hüten Sie sich davor, in die entgegengesetzte Übertreibung zu verfallen, indem Sie zu enge Grenzen setzen.

DIE LINIEN

1 ——— X *Der Mensch bleibt in seinem Haus.*

Es hat keinen Sinn, handeln zu wollen, wenn Sie wissen, daß Sie auf unüberwindliche Schwierigkeiten treffen. Bleiben Sie zurückhaltend und innerhalb Ihrer Grenzen.

2 ——— X *Der Mensch ist im Hof seines Hauses.*

Wenn sich eine Gelegenheit ergibt, lassen Sie sie nicht aus. Es ist der Augenblick des Handelns, und zwar sofort.

3 — — X *Sie sind für Ihre Verirrungen selbst verantwortlich.*

Die Leidenschaften lassen Sie Fehler begehen. Werfen Sie das nicht anderen vor. Ziehen Sie daraus für die Zukunft eine Lehre.

4 — — X *Schlimme Einschränkungen verbrauchen Ihre Energie.*

Wenn Sie sich zu harte Zwänge auferlegen, können Sie nur darunter leiden. Nur wenn sie Ihrer Natur entsprechen, können Sie Ergebnisse erzielen.

5 ——— X *Die angemessene Einschränkung ist leicht zu ertragen.*

Wenn Sie sich dieselben Einschränkungen auferlegen wie den anderen, lassen Sie Vertrauen entstehen. Erfolg.

6 — — X *Die gerechtfertigte Einschränkung ist ohne Tadel.*

Jede Unbeugsamkeit findet eine unvermeidliche Reaktion. Obwohl sie in bestimmten Fällen gerechtfertigt ist, haben Sie vielleicht die Gelegenheit, über die Reaktion nachzudenken.

61. TCHOUNG FOU

Die innere Wahrheit

oben der Wind
unten der See

INTERPRETATION

Symbol: Das Hexagramm zeigt in seiner Mitte (Linien 3 und 4) einen freien Raum, der von durchgehenden Linien umgeben ist. Das ist das Bild eines freien Herzens, das fähig ist, die Wahrheit zu erkennen und willkommen zu heißen.

Allgemeine Bedeutung: Tchoung Fou symbolisiert das Vertrauen, das großzügige Verstehen. Es bezeichnet einen Menschen, dessen Kraft der inneren Wahrheit den anderen rührt und beeinflußt.

Die Ankündigung betrifft also die Eigenschaften, die dieser Kraft innewohnen: die Ernsthaftigkeit, verbunden mit einem vollständigen Verstehen und Verzeihen. Die Voraussage ist günstig, denn es gibt die Möglichkeit, mit allen möglichen Leuten in Kontakt zu kommen und sich mit ihnen zu verstehen; sie lädt außerdem dazu ein, »das große Wasser zu überqueren«, d. h. etwas von großer Tragweite zu unternehmen.

1 ——— X *Bereitsein bringt das Glück.*

Seien Sie bereit, mit Loyalität, ohne auf die anderen zu rechnen, zu handeln.

2 ——— X *Der Einfluß ist die Spiegelung der inneren Wahrheit.*

Ihre Taten üben einen spontanen Einfluß aus, denn sie drücken Ihre Gefühle mit großer Ernsthaftigkeit aus. Erfolg! Verständnis und Sympathie teilen sich frei mit.

3 — — X *Mal singt er, mal weint er.*

Entsprechend Ihren Beziehungen zu dem anderen durchlaufen Sie Phasen großer Freude, gefolgt von Traurigkeit, je nachdem, ob man Ihnen Sympathie entgegenbringt oder nicht. Das ist Ihr Problem; die Sachlage weist auf einen Mangel an persönlicher Reserve hin.

4 — — X *Die Kraft kommt aus der inneren Freiheit.*

In sich selbst, nicht bei den anderen, finden Sie die Kraft zur Fortsetzung Ihres Weges. Bewahren Sie Ihre Freiheit.

5 ——— X *Einheit entsteht rund um die Wahrheit.*

Die Ehrlichkeit und Ihre Charakterstärke schaffen nützliche Bindungen. Handeln Sie.

6 ——— X *Gute Worte genügen nicht.*

Wenn das Vertrauen endet, zerbricht alles. Wenn Sie zuviel reden und Ihre Taten dem nicht entsprechen, wendet man sich schließlich von Ihnen ab.

62. SIAO KOUO

Die Vorherrschaft des Kleinen

oben der Donner
unten der Berg

INTERPRETATION

Symbol: Siao Kouo muß mit Hexagramm 28 verglichen werden. Dort gab es ein Übermaß an Positivem, hier ist ein Ungleichgewicht auf Grund eines Übermaßes an Negativem.

Allgemeine Bedeutung: Man hat es mit einer deutlichen Unfähigkeit zu tun, wichtige Dinge zu verwirklichen. Es gibt ein Übermaß dessen, was klein ist. Die Lage erfordert es, daß man sich um die laufenden Dinge kümmert und vor allem nicht versucht, sich zu erhöhen und große Pläne in Angriff zu nehmen. Bleiben Sie an Ihrem Platz und machen Sie das Beste daraus – mit den Mitteln, die Sie haben. Seien Sie genau, wachsam, richten Sie sich nach dem, was man von Ihnen erwartet, wobei Sie Ihre Freiheit bewahren. Sie werden zweifellos keine strahlenden Erfolge haben, aber indem Sie die Anforderungen des Augenblicks verstehen, können Sie das behalten, was Sie erworben haben, und bei kleinen Aufgaben erfolgreich sein.

DIE LINIEN

1 — — **X** *Der Vogel verläßt sein Nest zu schnell.*

Ergreifen Sie nur außergewöhnliche Maßnahmen, wenn es gar nicht anders geht. Es wäre besser, sich noch zu gedulden.

2 — — **X** *Es ist kein Fehler, zurückhaltend zu sein.*

Bleiben Sie trotz der Schwierigkeiten auf Ihrem Platz und handeln Sie klug. Dringen Sie nicht in die Bereiche der anderen ein.

3 —— **X** *Die Sorglosigkeit kann fatal sein.*

Eine unsichtbare Gefahr droht. Seien Sie außerordentlich wachsam, denn sie kann da auftauchen, wo Sie sie nicht erwarten.

4 ——— X *Mit Gewalt ans Ziel kommen; da ist die Gefahr.*

Sie müssen sich den Umständen unterwerfen können, unternehmen Sie nur etwas, wenn es nötig ist. Wenn Sie zurückhaltend bleiben, vermeiden Sie eine Menge Komplikationen.

5 — — X *Die Wolken reißen auf einer Seite auf.*

Die Lage erfordert es, daß man die Ordnung wiederherstellt, aber allein können Sie nichts ausrichten. Suchen Sie die Hilfe von jemandem, der seinen Sachverstand schon bewiesen hat.

6 — — X *An der äußersten Grenze der Übertreibung fehlt der Verstand.*

Seien Sie mit dem zufrieden, was möglich ist. Der Hochmut kann Sie ins Unvermeidliche führen.

63. KI TSI ䷾ oben das Wasser

Was der Vollendung folgt unten das Feuer

INTERPRETATION

Symbol: Das Feuer steigt auf, das Wasser fällt herab, so daß die beiden Elemente sich verbinden und eine gemeinsame Wirkung ausüben.

Allgemeine Bedeutung: Ki Tsi ist die Veränderung nach der Verwirklichung. Sie haben Ihre Ziele erreicht, die Ordnung und das Gleichgewicht sind zurückgekehrt, aber jetzt müssen Sie die Vollendung ganz zu Ende bringen, indem Sie sich auf das vorbereiten, was folgt. Wenn die Ordnung auf ihrem Höhepunkt ist, zeigen sich schon Anzeichen des Abstiegs. Es ist also wichtig, die Lage ausnutzen zu können, die letzten Einzelheiten zu regeln und das vorauszunehmen, was kommen wird, damit die Veränderung günstig wird. Vermeiden Sie alles, was brutal sein könnte, jede Nachlässigkeit und alle Gleichgültigkeit; ein neues Leben beginnt für Sie.

1 ——— X *Jenseits des Ziels: der Sturz.*

Obwohl die Ordnung wiederhergestellt ist, regt man Sie an, Ihren Weg weiter nach vorn zu verfolgen. Seien Sie vorsichtig. Sie haben nicht mehr viel zu gewinnen.

2 — — X *Entwickeln Sie beim Warten Ihre Qualitäten.*

Sie sind isoliert, und man hört nicht mehr auf Ihren Rat. Haben Sie Geduld, ohne Ihren Weg aufzugeben, denn das ist nur vorübergehend. Sie können bald handeln.

3 ——— X *Das Schwierigste bleibt noch zu tun.*

Sie haben Erfolg gehabt, aber Sie müssen nun Ihre Position festigen. Handeln Sie ehrenhaft, ohne Leidenschaften, und vermeiden Sie alle Leichtfertigkeit. Die Aufgabe ist sehr delikat.

4 ——— X *Schlafen Sie über Ihren Erfolgen nicht ein.*

Die Situation ist perfekt, und nichts ist unmittelbar bedrohlich. Dennoch, achten Sie auf jedes Vorzeichen; denken Sie über die Zukunft nach.

5 ——— X *Die Einfachheit geht direkt zum Herzen.*

In Ihrem Handlungsbereich sind Sie auf dem Gipfel angelangt. Statt darüber nachzudenken, wie Sie noch höher kommen können, sollten Sie sehen, daß es keinen anderen Weg gibt, außer dem, der weniger ruhmreich ist.

6 — — X *Man muß nach vorn gehen.*

Wenn man einen großen Schritt getan hat, besteht die größte Gefahr darin, den gegangenen Weg zu betrachten und damit zufrieden zu sein. Vermeiden Sie diese Falle und folgen Sie Ihrem Weg. Alles ändert sich ewig.

64. WEI TSI

Was der Vollendung vorausgeht

oben das Feuer
unten das Wasser

INTERPRETATION

Symbol: Das Feuer über dem Wasser ist das umgekehrte Bild des voraufgegangenen Hexagramms. Während es vorher an eine wiederhergestellte Ordnung denken ließ, zeigt es hier den Übergang von der Unordnung zur Ordnung, der noch nicht vollendet ist.

Allgemeine Bedeutung: Wei Tsi ist ein Hexagramm voller Hoffnung. Es zeigt, daß die Dinge im Fluß sind, daß es einen glücklichen Ausgang gibt, selbst wenn die Dinge noch nicht geregelt sind.

Aber es liegt an Ihnen, so zu handeln, daß sich die Ordnung verwirklicht. Im Augenblick sind Sie in einer Krise, die Ziele, die Sie sich gesetzt haben, fordern gleichzeitig Vorsicht und Ausdauer. Ihre Aufgabe besteht darin, die Ordnung wiederherzustellen und die Harmonie zu finden, aber es gibt noch viele Hindernisse zu überwinden. Das Nachdenken ist Ihr sicherster Verbündeter.

DIE LINIEN

1 — — **X** *Ersparen Sie sich eine Niederlage.*

Mitten in einer verworrenen Situation versuchen Sie sich zu erheben, aber Sie benutzen nicht die notwendigen Mittel. Ihre Unwissenheit kann Ihnen Verachtung einbringen.

2 ——— **X** *Beim Warten steigert er seine Chancen.*

Halten Sie Ihre Energie zurück und bereiten Sie sich auf das Handeln vor.

3 — — **X** *Überqueren Sie die großen Wasser.*

Sie fühlen, daß Sie handeln müssen, aber Sie haben nicht die notwendige Kraft dazu. Sie müssen also die Angriffsbedingungen verändern, indem Sie neue Unterstützung von außen finden.

4 ——— X *Der Mensch tritt aus der Unordnung hervor. Erfolg.*

Der Augenblick der Vollendung ist gekommen. Handeln Sie mit Festigkeit, vertreiben Sie Ihre Zweifel. Vergessen Sie nicht, daß das Ergebnis entscheidend sein kann für Ihre Zukunft.

5 — — X *Der Zustand des Ruhms breitet sich in der Ferne aus.*

Erfolg. Indem Sie Ihre Zweifel überwanden, sind Sie an Ihr Ziel gekommen. Ihre Lage ist ideal.

6 ——— X *Der Mensch trinkt voller Vertrauen Wein.*

Nachdem Sie Ihre Aufgabe beendet haben, ist es richtig, sich zu freuen. Achten Sie darauf, daß Sie Frieden und Harmonie bewahren, ein neues Zeitalter eröffnet sich Ihnen.